Quick Guide

Quick Guides liefern schnell erschließbares, kompaktes und umsetzungsorientiertes Wissen. Leser erhalten mit den Quick Guides verlässliche Fachinformationen, um mitreden, fundiert entscheiden und direkt handeln zu können.

Weitere Bände in der Reihe http://www.springer.com/series/15709

Michael C. Schmitt

Quick Guide Digitale B2B-Kommunikation

Content, Influencer, Blogs & Co:
Wie Sie Ihre Kunden an allen
digitalen Touchpoints erreichen

Michael C. Schmitt
schmitt kommuniziert.
München, Deutschland

Quick Guide
ISBN 978-3-658-14212-4   ISBN 978-3-658-14213-1   (eBook)
https://doi.org/10.1007/978-3-658-14213-1

Die Deutsche Nationalbibliothek verzeichnet diese Publikation in der Deutschen Nationalbibliografie;
detaillierte bibliografische Daten sind im Internet über http://dnb.d-nb.de abrufbar.

Springer Gabler
© Springer Fachmedien Wiesbaden GmbH, ein Teil von Springer Nature 2019
Das Werk einschließlich aller seiner Teile ist urheberrechtlich geschützt. Jede Verwertung, die nicht
ausdrücklich vom Urheberrechtsgesetz zugelassen ist, bedarf der vorherigen Zustimmung des Verlags.
Das gilt insbesondere für Vervielfältigungen, Bearbeitungen, Übersetzungen, Mikroverfilmungen und
die Einspeicherung und Verarbeitung in elektronischen Systemen.
Die Wiedergabe von Gebrauchsnamen, Handelsnamen, Warenbezeichnungen usw. in diesem Werk
berechtigt auch ohne besondere Kennzeichnung nicht zu der Annahme, dass solche Namen im Sinne
der Warenzeichen- und Markenschutz-Gesetzgebung als frei zu betrachten wären und daher von
jedermann benutzt werden dürften.
Der Verlag, die Autoren und die Herausgeber gehen davon aus, dass die Angaben und Informationen in
diesem Werk zum Zeitpunkt der Veröffentlichung vollständig und korrekt sind. Weder der Verlag noch
die Autoren oder die Herausgeber übernehmen, ausdrücklich oder implizit, Gewähr für den Inhalt des
Werkes, etwaige Fehler oder Äußerungen. Der Verlag bleibt im Hinblick auf geografische Zuordnungen
und Gebietsbezeichnungen in veröffentlichten Karten und Institutionsadressen neutral.

Springer Gabler ist ein Imprint der eingetragenen Gesellschaft Springer Fachmedien Wiesbaden GmbH
und ist ein Teil von Springer Nature
Die Anschrift der Gesellschaft ist: Abraham-Lincoln-Str. 46, 65189 Wiesbaden, Germany

Vorwort

Die digitale Transformation verändert die Wirtschaft grundlegend und in hoher Geschwindigkeit. Für Unternehmen resultieren daraus zahlreiche neue Chancen – und gleichzeitig eine Reihe von Unsicherheiten. Ob es um Entwicklung, Produktion, Vertrieb, Administration oder um Service-Bereiche geht: Immer gilt es prüfen, wo aus technologischen Entwicklungen konkrete Verbesserungen resultieren. Und wo die Grenzen des Sinnvollen sind.

Kaum irgendwo anders hat die Digitalisierung so früh erhebliche Veränderungen zur Folge gehabt wie in der Kommunikation. Damit verbunden sind für Firmen völlig neue Möglichkeiten und Wege, ihre Zielgruppen zu erreichen.

Aufmerksamkeit, Reichweite und Reputation leiten sich heute maßgeblich aus dem ab, was online passiert. Auch kleine und mittelständische Firmen benötigen eine digitale Kommunikationsstrategie, die sämtliche relevanten Bereiche umfasst. Online-Plattformen und deren Einsatz stehen dabei im Mittelpunkt. Suchmaschinenoptimierung (SEO) ist damit eng verbunden. Aber es ist auch notwendig, darüber hinaus zu denken.

So ist beispielsweise die Option einer Kontaktaufnahme durch Kunden via Chatbots, Messenger oder Social Media heute kein luxuriöses Angebot mehr, sondern sollte für jeden einzelnen Bereich geprüft werden – gerade, wenn die Zielgruppen der Generationen Y und Z, also der ab dem Jahr 1985 Geborenen, im Fokus sind.

Eine zentrale Aufgabe wird künftig die Verbesserung der Customer Experience sein. Wann, wo und wie potenzielle Neukunden und bestehende Kunden welche Erfahrung mit einem Unternehmen machen, wird immer mehr über ökonomische Erfolge entscheiden – insbesondere im Business to Business (B2B).

Dabei spielen digitale Kommunikationsformen eine zentrale Rolle, damit Unternehmen die Distanz zu ihren Kunden verringern und Informationen nicht nur selbst publizieren, sondern Möglichkeiten zum Dialog anbieten. Aber nicht jede Plattform oder jedes Tool ist im Einzelfall hilfreich. Folglich sollten Firmen im Rahmen einer Gesamtstrategie bewerten, welche Technologien einen Mehrwert bringen, um mit Kunden, Partnern oder Mitarbeitern zielgenau zu kommunizieren.

Dieses Buch hilft Ihnen dabei, digitale Kommunikation neu zu verstehen. Sie erfahren, warum es nicht nur um zusätzliche Marketingkanäle geht, sondern warum Kommunikation ein strategischer Wertefaktor ist. Es wird erklärt, warum Content im Mittelpunkt jeder Strategie steht. Sie erhalten konkrete Anleitungen, wenn es um den Aufbau und die Umsetzung einer individuell zugeschnittenen Content-Strategie geht. Neben der Frage, wie Sie Kunden besser adressieren – etwa über Social Media, Suchmaschinen und Online-PR – wird die Frage in den Fokus gerückt, wie Sie den Dialog mit und zwischen Ihren eigenen Mitarbeiter verbessern. Und es wird darum gehen, warum und wie Sie digitale Kanäle mit „klassischen" verbinden sollten.

- Sie erhalten einen umfassenden Überblick über das Thema Content Marketing, das in den vergangenen Jahren immer mehr an Bedeutung gewonnen hat.
- Das Buch erklärt, warum Bewegtbildkommunikation und Videos gerade im B2B hilfreiche Werkzeuge sind, um Zielgruppen zu erreichen.
- Es widmet sich Themen wie Suchmaschinenoptimierung (SEO) und Social Media, Word of Mouth und Influencer Marketing.

Content Marketing wird häufig mit digitalen Kanälen gleichgesetzt. Dies ist jedoch so nicht richtig. Auch andere Kanäle wie etwa Printformate können dazu gehören und eingebunden werden. Ebenso kann die Teilnahme an Messen, die Ausrichtung von Veranstaltungen oder das Halten von Vorträgen ein Teil einer Content-Strategie sein.

Der Quick Guide will Ihnen einen Reality Check ermöglichen, was heute und künftig möglich und sinnvoll ist. Erfahren Sie, welche Trends wirklich tragen – und welche nur vorübergehende Erscheinungen sind.

Sie finden neue Ansätze, um Ihre Kommunikation überzeugend zu gestalten. Und Sie haben die Möglichkeit, bewährte und neue Methoden zu bewerten. So können Sie entscheiden, welche Strategie für Sie am besten geeignet ist.

Ich wünsche Ihnen viel Freude beim Lesen!

München Michael C. Schmitt
im August 2018

Inhaltsverzeichnis

1	**Einleitung: Kommunikation ist strategischer Wertefaktor**		1
2	**Customer Experience und Customer Journey**		7
	2.1	Bedeutung des Marketing für die Customer Experience (CX)	9
	2.2	Touchpoints auf der Customer Journey	9
	2.3	Lead Nurturing und Lead Management	12
	Literatur		14
3	**Content Marketing**		15
	3.1	Überblick	15
	3.2	Relevante Inhalte wecken Interesse	16
	3.3	Guter Content erhöht die Reichweite	17
	3.4	Content: Basis für Vertrauen und Opinion Leadership	18
	3.5	Funktion von Content im Sales Prozess	19
	3.6	Austauschbare Inhalte und Werbebotschaften funktionieren nicht	19

	3.7	Themenmanagement und Agenda Setting	20
	3.8	Content-Strategien umfassen einen mehrstufigen Prozess	23
	3.9	Entwicklung der Content-Strategie	24
	3.10	Der richtige Content für die Customer Journey	27
	3.11	Content Marketing und Werbung	29
	Literatur		35
4	**Digitale Content Distribution**		**37**
	4.1	Vom klassischen Mediamodell zu Social	38
	4.2	Owned Media	38
	4.3	Earned Media	40
	4.4	Paid Media	41
	4.5	Shared & Social Media	42
		4.5.1 Content Distribution vs. User Generated Content	43
		4.5.2 Content Sharing und Storytelling	44
		4.5.3 Communitys und Community Management	45
5	**Crossmediale Kommunikation**		**49**
	5.1	Intelligente Verbindung von Medien und Formaten	49
	5.2	Word-of-Mouth-Marketing	51
	5.3	Wie Content viral wird	52
	5.4	Erfolgsfaktoren	54
	Literatur		55
6	**Pressearbeit und Online-PR**		**57**
	6.1	Erfolgsfaktoren	58
	6.2	Sieben Schritte, die Ihre Pressearbeit in digitalen und klassischen Medien erfolgreich machen	59
	6.3	Tools und Software	61

	6.4	Verbindung von PR und Content Marketing ist sinnvoll	62
	Literatur		65
7	**Influencer Marketing**		**67**
	7.1	Mitarbeiter als Influencer	67
	7.2	Blogger und Influencer Relations	69
	7.3	Umgang mit Influencern	71
	Literatur		72
8	**Blog/Onlinemagazin und Onlinereputation**		**73**
	8.1	Welche Inhalte sind geeignet?	74
	8.2	Autoren, Frequenz, Schreibstil	75
	8.3	Wie wird das Blog bekannt?	77
	8.4	Reaktion auf Kommentare	77
	8.5	Blogsoftware	79
	8.6	Blog als Content Hub	81
	Literatur		82
9	**Suchmaschinenoptimierung (SEO)**		**83**
	9.1	Funktionsweise von Google-Suche	84
	9.2	Qualität als Rankingfaktor	85
	9.3	Guter Content für Kunden, Influencer und für Google	86
	9.4	Plattformen, Kanäle und Formate	88
		9.4.1 Online-PR	89
		9.4.2 Blog oder digitales Magazin	89
		9.4.3 Social Media	90
	9.5	Technische Kriterien	90
	9.6	Entwicklungen	92
		9.6.1 Content	92
		9.6.2 Sinkende Relevanz von Keywords	93
		9.6.3 Usability und Userverhalten	93
		9.6.4 Mobile First und Voice Search	93
	Literatur		94

10	**Mitarbeiter im Fokus**	**95**
10.1	Employer Branding	96
10.2	Interne Kommunikation	97
	10.2.1 Die Rolle der internen Kommunikation	97
	10.2.2 Kommunikation ist der Anfang von Vertrauen	98
	10.2.3 Change als Herausforderung	98
	10.2.4 Interne Kommunikationskanäle	98
Literatur		104
11	**Videos und Storytelling**	**105**
11.1	Kommunikationsziele effizient erreichen	105
11.2	Employer Branding	106
11.3	Technische Optimierung für Suchmaschinen	106
11.4	Mehr Traffic für Videos	107
11.5	Bewegtbild in der internen Kommunikation	107
11.6	Das Drehbuch für die richtige Story	108
11.7	Equipment: Neue Smartphones liefern tolle Resultate	108
11.8	Ressourcen schonen und Kosten im Griff behalten	108
12	**Key-Performance-Indikatoren und Erfolgsmessung**	**113**
12.1	Methoden für Messung und Controlling	114
12.2	Weitere Kennzahlen und Messmethoden	116
Literatur		117
13	**Weitere Kommunikationsformate**	**119**
13.1	Veranstaltungen und Live-Kommunikation	119
13.2	Service-Platform-Management	121
13.3	Messenger und Chatbots	122
	13.3.1 Chancen von Chatbots	123
	13.3.2 Technische Varianten und Implementierung	124

	13.3.3 Stolperfallen	125
	13.3.4 Probleme und Kritik im Zusammenhang mit Chatbots	126
	Literatur	128

14 Zukunft der digitalen B2B-Kommunikation — 129
- 14.1 Vertrauen — 130
- 14.2 Emotional Experience – auch im B2B — 130
- 14.3 Plattformen statt Pipelines — 131
- 14.4 Steuerung und vernetztes Arbeiten — 131
- 14.5 Messbarkeit und Evaluation — 132

15 Personelle Ressourcen: So stellen Sie sich in Zukunft optimal auf — 135
- 15.1 Outsourcing oder Inhouse-Lösung — 136
- 15.2 Den richtigen Partner finden: Machen Sie den Test — 138

1 Einleitung: Kommunikation ist strategischer Wertefaktor

> **Was Sie aus diesem Kapitel mitnehmen:**
>
> - was Kommunikation alles kann und warum sie im Unternehmen wichtig ist;
> - warum strategisches Content Marketing dabei eine zentrale Rolle spielt.

Kommunikation und Marketing haben bereits vor einigen Jahren begonnen, sich die Chancen der digitalen Transformation zunutze zu machen. Nachdem es anfänglich um eine Präsenz mit eigenen Webauftritten ging, nahm die Entwicklung zügig Fahrt auf: Mit Social Media nutzen viele Unternehmen zusätzliche Plattformen und stärken den Dialog mit ihren Zielgruppen über digitale Kanäle.

Im mittelständischen Business-to-Business-Geschäft (B2B) waren die Reaktionen verhaltener als im Konsumentenbereich (Business to Consumer, B2C) – insbesondere, wenn es um soziale Netzwerke ging. Dabei liegen im digitalen Marketing in mehrfacher Hinsicht Chancen für mittelständische B2B-Unternehmen:

- Wenn Sie werthaltigen Content anbieten, können Sie sich bereits mit überschaubaren Budgets erfolgreich positionieren.
- Sie erhöhen die Reichweite, schaffen Präsenz und können erklären, wo Ihre Stärken im Vergleich zum Wettbewerb liegen.
- Vor allem aber haben Sie Gelegenheit, Ihre spezifische Expertise und ihr Fachwissen zu präsentieren.
- Damit gehen eine Steigerung des Bekanntheitsgrads und eine Unterstützung für den Vertrieb einher.
- Für den Vertrieb wird es wesentlich leichter, potenzielle Kunden zu überzeugen, wenn eine starke Kommunikation die Vorarbeit geleistet hat.
- Ein überzeugender Auftritt auf allen wichtigen Kanälen ist darüber hinaus auch immer wichtiger, wenn es darum geht, die richtigen Mitarbeiter zu gewinnen und eine Arbeitgebermarke zu schaffen (Employer Branding).

Im Hinblick auf bereits gewonnene Geschäftskontakte und Leads gilt es, diese online über Social Media und Newsletter auch direkt zu erreichen, um den Kontakt aufrecht zu erhalten und zu stärken. Damit schaffen Sie bereits zu einem frühen Zeitpunkt Vertrauen und unterstreichen Ihr Know-how und Ihr spezifisches Wissen. Wenn Sie nachhaltig mit verschiedenen Kommunikationsmitteln und über unterschiedliche Touchpoints einen Draht zu Ihren Zielgruppen schaffen, legen Sie auf diese Weise letztlich die Basis für eine dauerhafte und stabile Kundenbeziehung.

Eine effiziente Nutzung medialen Contents nach dem Prinzip „Single Source – Multiple Media" ermöglicht es, bereits mit wenig Aufwand zu überzeugen – und mit ausgewählten Inhalten sowohl eine Präsenz in Fachmagazinen als auch im Internet zu schaffen. Somit schaffen mittelständische Unternehmen mit eingesetzten Mitteln einen maximalen Ertrag und somit einen hohen Return on Investment (ROI).

Was aber ist die richtige Strategie im B2B? Wie gelingt es mittelständischen Firmen, das Optimale aus knappen Budgets zu machen? Welche Plattformen sind für wen interessant – und was bringen sie wirklich?

1 Einleitung: Kommunikation ist strategischer Wertefaktor

Dieses Buch beleuchtet die Frage, wie B2B-Unternehmen in der Kommunikation von der digitalen Transformation profitieren. Eine zentrale Rolle spielt das Stichwort „Customer Experience" – und damit die Frage, wie Sie Ihre (potenziellen) Kunden, Partner und Mitarbeiter online abholen und begeistern.

Kommunikation als strategischer Wertefaktor

Ob digital oder klassisch – wenn es um Kommunikation geht, kommt es auf die richtige Strategie an. Denn Kommunikation ist weit mehr als „mehr Power fürs Marketing". Sie legt eine entscheidende Grundlage, wenn es um die strukturelle Aufstellung von Unternehmen, um die erfolgreiche Durchführung von Projekten und um das Erreichen von Geschäftszielen geht. Dazu gehören insbesondere die folgenden Aspekte:

- Positionierung mit Ihren USPs gegenüber Kunden und Partnern
- Abgrenzung von Wettbewerbern
- Optimierte Kundenerfahrung (Customer Experience, CX)
- Vertrauen von außen und innen
- Erklären von Zielen und USPs gegenüber den eigenen Mitarbeitern
- Versorgung von Führungskräften und Management mit relevanten Informationen
- „Rückkoppelung" von Informationen aus dem Unternehmen und seinem Umfeld
- Das Erhöhen der Attraktivität für (neue) Mitarbeiter und eine Positionierung als guter Arbeitgeber
- Ein einheitliches Auftreten nach außen

Ebenso trägt Kommunikation entscheidend zu verbessertem Austausch sowie mehr Transparenz und Offenheit bei – sowohl innerhalb Ihres Unternehmens als auch gegenüber Kunden, Partnern, Aktionären und anderen Stakeholdern.

Kommunikation hat maßgebliche Auswirkung auf die Unternehmenskultur. Diese wiederum ist längst nicht nur unter dem Blickwinkel „softer" Themen wie eines „besseren Zusammenarbeitens" oder auch unter Employer-Branding-Aspekten von hoher Bedeutung. Vielmehr stellt sie einen entscheidenden Faktor dar, wenn es um die

Innovationsfähigkeit geht. Denn Austausch, Informationsversorgung und (Projekt-)Zusammenarbeit über Abteilungsgrenzen hinweg stellen eine Grundlage für Entwicklung dar.

Die Verfügbarkeit von Informationen und die Nutzbarkeit vonseiten verschiedener Akteure ist auch ein Mittel zur Kostenreduktion. Denn fehlende Absprachen zwischen Abteilungen erhöhen Aufwände und kosten Geld. Schlechte Kommunikation erhöht die Laufzeit von Projekten – oder lässt sie am Ende sogar scheitern.

Kosten senken Sie auch, wenn Sie feste Standards und Prozesse für Ihre Kommunikation etablieren. Haben Sie einmal klare Strukturen aufgebaut, werden sich Abläufe automatisieren. Ein Content-Pool ermöglicht es, allen Kollegen im Unternehmen laufenden Zugriff auf Inhalte zu bieten, für die das von Bedeutung ist. So werden Kernbotschaften nicht nur im Marketing verwendbar, sondern zum Beispiel auch im Vertrieb – etwa für Vorträge und Präsentationen beim Kunden.

Der Abbau von Silos führt dazu, dass sich Content nach einmaliger Nutzung nicht in der Schublade wund liegt – sondern dass er lebendig bleibt und variantenreich mehrfach und für verschiedene Kanäle eingesetzt werden kann.

Unter dem Strich stehen weitere Pluspunkte, wenn sie nachhaltige Kommunikationsprozesse einführen:

- Synchronisierung von Botschaften in Marketing, Kommunikation und Vertrieb
- Eine verbesserte Unternehmenskultur
- Eine höhere Innovationsfähigkeit
- Kosteneinsparungen in Verbindung mit besserer Nutzung von Ressourcen
- Erfolgreichere und schneller abzuschießende (Change-)Projekte
- Erkennen und Senken von Risiken (nicht nur) in der Kommunikation

1 Einleitung: Kommunikation ist strategischer Wertefaktor

Ihr Transfer in die Praxis

- Überlegen Sie, welchen Stellenwert die Unternehmenskommunikation in Ihrem Unternehmen hat.
- Haben Sie eine Kommunikationsstrategie mit definierten Zielen?
- Haben Sie im Unternehmen mehrwertigen Content definiert, mit dem Sie in den Markt gehen könnten (und wie sieht dieser aus)?
- Haben Sie dazu schon Formate und Kanäle analysiert und die besten für sich gefunden?
- Wenn Sie diese Fragen mit Nein beantworten, sollten Sie sie zeitnah angehen.

2 Customer Experience und Customer Journey

> **Was Sie aus diesem Kapitel mitnehmen:**
> - was eine Customer Journey ist und wie diese optimalerweise aussehen sollte;
> - dass jeder Kontakt mit Ihren Kunden genutzt und wertgeschätzt werden muss;
> - dass sich gute Erfahrungen mit Ihrem Unternehmen doppelt und dreifach auszahlen.

Wer eine Reise macht, sammelt auf dem Weg jede Menge Erfahrungen: Manche tolle und andere weniger schöne. Der traumhafte Sonnenuntergang, die tolle Wanderung – oder auch das geklaute Portemonnaie: Was bleibt am Ende hängen?

Emotional sind (leider) gerade negative Ereignisse sehr einprägsam. Im Sinne von „Only bad news is good news" werden sie oft noch Jahre später erzählt.

Damit im Zusammenhang mit Ihrem Unternehmen die guten Geschichten erzählt werden, ist es entscheidend, jeden einzelnen „Touchpoint" zu einer guten Erfahrung werden zu lassen und negative Erlebnisse zu vermeiden. Unternehmen, die es mit Geschäftskunden zu tun haben, sollten ihre gesamten Prozesse auf die Gestaltung ihrer Kontaktpunkte ausrichten. Besonders in wettbewerbsintensiven Märkten müssen Sie den Anspruch des Kunden treffen – vom ersten Kontaktpunkt auf der Customer Journey an und darüber hinaus bei allen Interaktionen im Rahmen einer langfristigen Kundenbeziehung.

Die Bereiche Produktentwicklung und Qualitätssicherung bilden den Kern der Tätigkeit jedes Unternehmens. Hier ist eine starke Orientierung am Markt und am Bedarf des Kunden essenziell. Aber das beste Angebot hilft wenig, wenn es bei den Kunden nicht ankommt.

Von Marketing und PR über den Vertrieb bis hin zum Kundenservice: Wenn Ihr Interessent sich auf jedem Schritt gut betreut fühlt, erhöhen Sie die Chancen, dass er sich für Sie entscheidet – selbst, wenn einer Ihrer Wettbewerber das „objektiv" bessere Produkt anbieten sollte. Wichtig ist dabei, sämtliche Kontaktpunkte im Blick zu haben. Denn nie zuvor hatten Kunden derart viele Informationsquellen (zum Beispiel Websites, Newsletter, Blogs, Social Media, Bewertungen anderer). Eine besondere Herausforderung liegt somit darin, auf allen für Ihre Ziele relevanten Wegen stimmig und kongruent zu kommunizieren.

Können Sie einen Kontakt überzeugen und kauft dieser bei Ihnen, sind Sie jedoch noch längst nicht am Ziel.

Kundenzufriedenheit resultiert daraus, dass die Erwartungen an ein Produkt oder eine Dienstleistung erfüllt werden. Neben der tatsächlichen Qualität ist dabei insbesondere eine vom Kunden subjektiv wahrgenommene Qualität wichtig – die wiederum auch eine Menge zu tun hat mit der Art und Weise, wie Sie und Ihre Kollegen kommunizieren.

Customer Experience, das bedeutet, alle Touchpoints positiv zu gestalten. Dazu gehört über Produkte und Leistungen hinaus auch ein überzeugender Service. Das betrifft die Rezeptionistin, die den Telefonanruf eines Interessenten entgegennimmt, ebenso wie das Beschwerdemanagement.

Letztlich geht es darum, den Kunden in den Mittelpunkt aller Prozesse im Unternehmen zu stellen. Eine gute Kundenerfahrung zu gewährleisten, das heißt: Sie zielen mit allen Mitteln auf Verbesserungen und Optimierungen ab, die dem Kunden zugute kommen. Um sich vom Wettbewerb abzuheben, ist gerade im B2B ein individueller und überdurchschnittlicher Service vonnöten.

2.1 Bedeutung des Marketing für die Customer Experience (CX)

Die Customer Experience umfasst also wesentlich mehr als das Marketing. Und doch kommt dem Marketing im Hinblick auf die Kundenerfahrung eine besonders bedeutende Rolle zu. Denn bekanntlich gibt es keine zweite Chance für den ersten Eindruck. Die ersten Touchpoints (Kontaktpunkte) sind von besonderer Bedeutung. Nachdem ein erster Kontakt zu Geschäftskunden häufig über das Marketing stattfindet, ist hier ein besonderes Augenmerk notwendig.

Auch wenn erste Touchpoints über den Vertrieb kommen, spielt das Marketing eine zentrale Rolle. Denn spätestens im zweiten Schritt wird ein potenzieller Neukunde die Website, den Blog, den Auftritt in Social Media sowie andere Marketingkanäle Ihres Unternehmens genau unter die Lupe nehmen.

Wenn es darum geht, den Kunden in den Mittelpunkt zu stellen, bedeutet dies, dass dessen Ansprüchen Rechnung getragen wird – auch und gerade im Marketing.

Deswegen dürfen Unternehmen nicht mit langweiligen oder eintönigen Werbebotschaften nerven, sondern müssen hochwertigen Content über die gesamte Customer Journey hinweg anbieten. Unternehmen sollten ihre Kunden in den Mittelpunkt stellen und sich darauf konzentrieren, relevante Inhalte zu erstellen, die deren Anliegen thematisieren. Schaffen Sie einen echten Mehrwert und erzählen Sie Geschichten, mit denen Sie jeden Leser in den Bann ziehen. Damit gewinnen Sie Menschen.

2.2 Touchpoints auf der Customer Journey

Wenn Ihr potenzieller Kunde in ein Produkt oder eine Dienstleistung investieren möchte, warum sollte er dabei auf Ihr Unternehmen setzen? Bei seiner Suche nach einem Anbieter hat er viele verschiedene Berührungspunkte mit Ihnen – und in den meisten Fällen auch mit Ihren Wettbewerbern. Die Summe aller Touchpoints ist maßgeblich für seine Entscheidung. Einige Kontaktpunkte davon können eher zufällig entstehen, etwa über eine Google-Suche. Andere können gezielt aufgebaut werden, etwa wenn Sie weiterempfohlen werden.

Nur sehr selten führt ein erster Kontakt bereits zu einer Kaufentscheidung. In der Regel wird zunächst Aufmerksamkeit erzeugt – im Idealfall auch bereits ein vertieftes Interesse. Das sind die ersten Schritte auf der Journey.

Auf der Customer Journey geht es um Emotionen. Jeder Kontakt und jede Interaktion in der Anbahnung und im Verlauf der Geschäftsbeziehung ist dabei von Bedeutung. Somit gilt es, alle Berührungspunkte zu betrachten, um die komplette Customer Journey abzubilden.

Erklären Sie, was Ihr Unternehmen und Ihre Lösung auszeichnet. Der klassische Marketing Funnel umfasst fünf Phasen (Abb. 2.1):

- Awareness (Bewusstsein): Der (potenzielle) Kunde erkennt seinen Bedarf, wird auf Ihre Lösung aufmerksam und hat Interesse daran.
- Consideration (Überlegung): Der (potenzielle) Kunde denkt darüber nach, Ihre Lösung zu kaufen. Er wägt zwischen verschiedenen Alternativen ab und bewertet, wie gut diese seinen Bedarf decken. Er will wissen, ob Sie tatsächlich die optimale Lösung – oder die mit dem besten ROI – bieten. Von nun an arbeiten Marketing, Vertrieb und ggf.

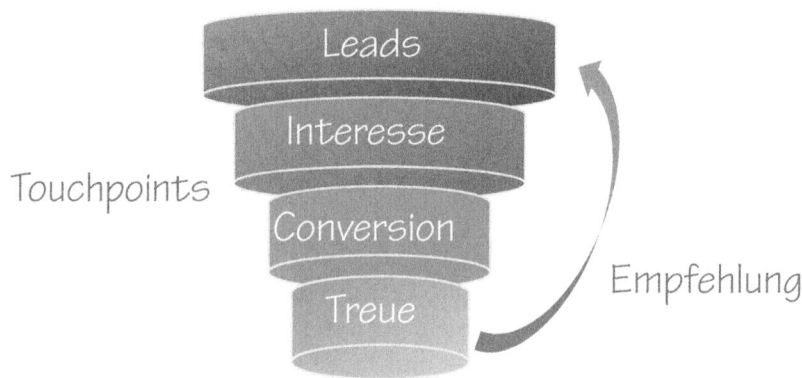

Abb. 2.1 Die Phasen der Customer Journey. (Quelle: schmitt kommuniziert)

Produktmanagement und Geschäftsleitung eng zusammen – und sollten unbedingt definierte Prozesse haben für das weitere Vorgehen. Denn nichts ist ärgerlicher als ein Kunde, der aufgrund eines unstrukturierten Vorgehens oder unzureichender Kommunikation nicht gewonnen werden konnte.

- Conversion: Sie haben den Kunden überzeugen können. Er „kauft" bei Ihnen bzw. investiert in Ihre Lösung – damit haben Sie das erste wichtige Ziel erreicht.
- Retention, Treue: Nun gilt es, den neu gewonnen Kunden langfristig zu binden und ihn zum Stammkunden zu machen. Ist er zufrieden oder im Idealfall sogar begeistert mit der Lösung, ergeben sich Potenziale für Cross Selling und Up Selling.
- Advocacy (Befürwortung): Aufgrund seiner hohen Zufriedenheit empfiehlt der Kunde Ihre Lösung an Geschäftspartner, Kollegen oder Freunde weiter (Business 2 Community 2013).

Im digitalen Zeitalter sind viele Abläufe agiler geworden – gerade in Sales und Marketing. Wenn es um Kundengewinnung geht, bleiben im B2B bestimmte Fixpunkte jedoch konstant.

Für die Kommunikation ergeben sich daraus – in enger Abstimmung mit anderen Abteilungen, insbesondere dem Vertrieb – eine Reihe von Herausforderungen.

Im Mittelpunkt steht dabei immer der Mehrwert, der sich aus Ihrem Content für den Kunden ergibt. Am besten, Sie betten Ihre Themen, wo immer möglich, in Geschichten ein (Storytelling). So wird Ihre Kommunikation anschaulich, verständlich und überzeugend.

Content Marketing und PR sind an dieser Stelle besonders geeignete Mittel – denn Sie stellen nicht simple Werbebotschaften in den Mittelpunkt, sondern die Themen Ihrer Zielgruppen.

Attraktive, informierende, unterhaltende Inhalte sind besonders auf den ersten drei Stufen der gesamte Customer Journey von entscheidender Bedeutung (Awareness, Consideration, Conversion). Aber dieser Prozess ist auch nach einem Kaufabschluss nicht abgeschlossen. Sowohl für die Kundenbindung (Loyality) – und damit verbunden im Hinblick auf Cross Selling und Up Selling – als auch im Zusammenhang mit möglichen Weiterempfehlungen (Advocacy) sollten Sie Ihren Kunden wertvolle Inhalte zur Verfügung stellen.

"Guter" Content muss dabei immer zweierlei erfüllen:

- Zum einen muss er, wie beschrieben, die Ansprüche des Users erfüllen.
- Zum anderen ist er zielführend, wenn Sie damit die Stärken und die Unique Sellling Propositions (USPs) Ihres Unternehmens transportieren.

Kommunikation kann viele verschiedene Formen annehmen. Sie kann zum Beispiel digital, mobil, gedruckt oder persönlich erfolgen. Heute liegt jedoch ein deutlicher Schwerpunkt auf digitalen Kanälen. Wie Sie in den jeweiligen Phasen richtig kommunizieren, erfahren Sie in Abschn. 3.10.

2.3 Lead Nurturing und Lead Management

Ein besonderes Augenmerk liegt auf der Kommunikation mit bereits gewonnenen Leads – unabhängig davon, ob diese Kontakte auf Grundlage von Marketingmaßnahmen, durch Empfehlungen oder durch Vertriebsmaßnahmen seitens Ihres Sales-Teams zustande kamen.

Diese einmal gewonnenen Kontakte gilt es im Sinne einer Customer Journey Strategie zu pflegen.

Lead Nurturing („to nurture" = erziehen, fördern, pflegen) beschreibt Kommunikationsmaßnahmen im Lead Management, mit denen Sie Interessenten (Leads) zum richtigen Zeitpunkt mit den richtigen Informationen versorgen. Dieser Prozess ist in erster Linie verbunden mit Sales-Zielen.

Der jeweilige Inhalt hängt ab von der Phase der Kaufentscheidung, in der sich der Interessent gerade befindet. Es ist von entscheidender Bedeutung, passenden und genau zugeschnittenen Content anzubieten.

So können Sie relevanten Content etwa in Form von Whitepapern oder E-Books zur Verfügung stellen – begleitet von Newslettern und Mailings, mit denen die Inhalte beworben werden. Auf diese Weise gelingt es Ihnen, ihre potenziellen neuen Kunden von qualifizierten Inhalten regelrecht zu begeistern.

2 Customer Experience und Customer Journey

Ebenso können Sie auf von Ihrem Unternehmen ausgerichtete Veranstaltungen aufmerksam machen und den möglichen Neukunden einladen.

Auf indirektem und unaufdringlichem Wege machen Sie auf sich und die Produkte oder Dienstleistungen aufmerksam, die Sie im Portfolio haben. Damit erhöhen Sie die Chance erheblich, dass der Interessent von selbst Kontakt mit Ihnen aufnimmt, um mit Ihnen ins Geschäft zu kommen.

Vor dem Start einer Lead-Nurturing-Kampagne müssen Sie definieren, welcher Content in welcher Phase an wen zu richten ist. Segmentieren Sie Zielgruppe und Personas, etwa nach Funktion im Unternehmen, Region, Wahrscheinlichkeit einer Investition oder dem zu erwartenden Einkaufsvolumen.

Anders als andere mehrstufige Kampagnen hat eine Lead-Nurturing-Kampagne einen Anfangspunkt, aber keinen Endpunkt. Denn auch bereits bestehende Kunden werden weiter in die Kommunikation einbezogen – verbunden mit den Zielen Cross Selling, Up Selling und Empfehlungsmarketing.

Ein entscheidender Erfolgsfaktor für ein zielführendes Lead Nurturing ist eine enge und durchdachte Zusammenarbeit zwischen Marketing und Vertrieb. Alle Maßnahmen müssen aufeinander abgestimmt sein – sowohl im Hinblick auf Kommunikationsmaßnahmen als auch in Bezug auf eine Kontaktaufnahme seitens des Vertriebs.

So schaffen Sie positive Touchpoints über die gesamte Customer Journey – eine entscheidende Grundlage für nachhaltigen Geschäftserfolg.

Ihr Transfer in die Praxis

- Welche Journey legen Ihre Kunden zurück, bevor sie ein Produkt bei Ihnen kaufen?
- Welche Abteilungen sind an welchen Touchpoints und in welcher der fünf Phasen beteiligt?
- Versuchen Sie, die Customer Journey für Ihr Unternehmen aufzumalen.
- Überlegen Sie, welcher Content an welchem Touchpoint sinnvoll sein kann.
- Was passiert eigentlich mit Ihren gewonnenen Leads?

Literatur

Business 2 Community. (2013). *Tuning your investment in the digital marketing funnel*, 3.5.2013. https://www.business2community.com/digital-marketing/tuning-your-investment-in-the-digital-marketing-funnel-0484245. Zugegriffen: 9. Juli 2018.

3 Content Marketing

> **Was Sie aus diesem Kapitel mitnehmen:**
>
> - dass Content Marketing nicht nur eine Modeerscheinung ist;
> - welche Themen im Content Marketing eine Rolle spielen;
> - wie Sie einen Content Audit durchführen;
> - wie guter Content aussehen kann und wie Sie eine Content-Strategie entwickeln können.

3.1 Überblick

Ist es nur ein Buzzword – oder auf lange Sicht die Zukunft des Marketing? Seit einigen Jahren wird über keine Entwicklung so viel gesprochen wie über Content Marketing. Um was also geht es? Um Marketing mit Inhalten? Marketing hatte auch vorher schon Inhalte zu bieten – nur eben anders. Aber Content lässt sich nicht pauschal gleichsetzen mit „Inhalt" – auch wenn das Wörterbuch das so darstellt. Tatsächlich geht es um mehr. Aber Inhalte spielen dabei eine Rolle.

> Content steht im Englischen für weit mehr als nur für „Inhalt". Der Begriff bezieht sich auch auf den „Gehalt" von etwas. Darüber hinaus sind Konnotationen mit Begriffen wie „Fassungsvermögen" oder „Rauminhalt" belegbar. „Information Data" bedeutet so viel wie „Informationsgehalt".

Guter Content ist heute – im Sinne einer Customer-Experience-Strategie – eine entscheidende Grundlage für die Vermarktung von Unternehmen und ihrer Angebote. Content unterstützt intensiv dabei, Kunden zu erreichen und sie zu überzeugen.

Beim Content Marketing geht es um einen mehrstufigen Prozess, in dem interessante Inhalte miteinander verknüpft werden. Es geht um den optimalen Einsatz verschiedener Kanäle wie Social Media oder Blogs. Formate wie Videos können ebenso dazugehören wie White Papers, Case Studies und Printpublikationen.

Im Mittelpunkt stehen spannende Storys, die über Kanäle hinweg gekonnt inszeniert werden. Digitale Plattformen stehen dabei heute im Mittelpunkt, aber auch klassische Medien bleiben von Bedeutung. Ganz entscheidend ist der berühmte rote Faden, der Themen und Formate verknüpft. Dabei werden Nutzer intelligent zu den für sie relevanten Inhalten geführt. Auf diese Weise gelingt es nicht zuletzt, neue Leads zu generieren, Conversions herbeizuführen und den Verkauf von Produkten zu unterstützen. Aber strategisches Content Marketing kann noch mehr: Es führt in Verbindung mit technischen Maßnahmen auch zu einem besseren Suchmaschinenranking (SEO).

3.2 Relevante Inhalte wecken Interesse

Medienkonsum geht heute für Nutzer einher mit einer Informationsflut. Noch nie gab es so viele Quellen und Kanäle, die Zugang zu Nachrichten und Hintergründen ermöglichen. Das hat massive Auswirkungen auf die Informationsbeschaffung.

User filtern mit einem gewissen Automatismus die interessanten Inhalte heraus, nicht relevante Informationsangebote gehen unter. Nur relevante, informative und unterhaltende Inhalte, die einem Qualitätsanspruch genügen, finden ihren Adressaten. Das gilt insbesondere, wenn es darum geht, das Interesse von Spezialisten, Führungskräften und Managern im B2B-Umfeld zu gewinnen, die über Investitionen in Unternehmen entscheiden.

Hier spielt der Faktor Vertrauen eine besonders große Rolle. Dies gewinnt auf nachhaltige Weise nur der, der eine hochwertige Kundenerfahrung (Customer Experience) anbietet – und zwar vom ersten Kontaktpunkt an bis zum Investitionsabschluss und darüber hinaus über die gesamte Kundenbeziehung hinweg.

Wenn hilfreiche und unterstützende Inhalte transportiert werden, die Fakten und Hintergründe überzeugend vermitteln, weiß der potenzielle Kunde: Er hat gefunden, was er gesucht hat.

Daraufhin wird er sich mit dem Unternehmen intensiver beschäftigen, das diese werthaltigen Informationen angeboten hat.

Auf längere Sicht entsteht auf diese Weise ein Bild, das geprägt ist von Kompetenz und Fachwissen – es gelingt eine Positionierung als Meinungsführer (Opinion Leadership). Damit verbunden ist ein hohes Maß an Glaubwürdigkeit und damit eine Grundlage dafür, sich von Wettbewerbern abzusetzen. Investitionen sind im B2B in der Regel Vertrauenssache – somit wird damit eine Basis für besseren Umsatz geschaffen.

3.3 Guter Content erhöht die Reichweite

Wenn Sie Antworten auf die Fragen und Probleme Ihrer Zielgruppen geben und wenn Sie Content überzeugend aufbereiten, schaffen Sie die Basis für neue Entwicklungen, im Zuge derer Sie Ihre Reichweite kontinuierlich steigern: Der Content wird selbst zum Produkt. Ihre Marke steht dann nicht nur für das, was Sie im Kerngeschäft anbieten – sondern vielmehr für den Content, den Sie anbieten. Ihre Stimme wird gehört – und Sie werden damit zu einem Meinungsführer.

Attraktive Content-Angebote sind auf lange Sicht im Idealfall wie ein Lauffeuer: Sie verbreiten sich wie von selbst weiter.

Das Publikum konsumiert sie nicht nur, sondern empfiehlt sie über Social Media weiter. Sie erhalten Links von anderen Seiten. Durch die Empfehlungen und Backlinks kommen wiederum verstärkt Besucher auf die Website und auf Ihren Blog (sofern Sie einen haben).

Die Verweildauer auf Ihren Websites steigt, wenn dort Inhalte vorhanden sind, die im Vorfeld bereits empfohlen wurden. Diese Effekte werden wiederum von Suchmaschinen in positiver Weise registriert – somit rankt Ihre Website besser. Sie werden automatisch schneller im Internet gefunden, wenn Ihre potenziellen Kunden nach einem Thema suchen, das von Ihnen besetzt wurde.

Auch Journalisten und Blogger werden so auf Ihre Angebote aufmerksam und konsultieren Sie bei Recherchen zu Themen, für die Sie stehen. Sie werden als Experte wahrgenommen und steigern Ihre Bekanntheit immer mehr.

3.4 Content: Basis für Vertrauen und Opinion Leadership

Content Marketing ist ein Weg, um die Zahl der Anfragen nach Ihren Leistungen und Angeboten zu steigern und somit neue Leads, also Interessenten, zu gewinnen. Somit schaffen Sie eine Grundlage für Ihren Vertrieb, um mit weniger Aufwand bessere Ergebnisse zu erzielen.

Wenn die Medien über Sie schreiben und andere User Sie weiterempfehlen, werden Sie zum Meinungsführer. Sie stehen für Kompetenz und Fachwissen. Damit legen Sie die Grundlage für Vertrauen.

Potenzielle Kunden kennen Sie durch Ihren Content vielleicht bereits oder finden bei einer Onlinerecherche Beiträge von Ihnen. Damit wird sofort deutlich, dass Sie ein vertrauenswürdiger Anbieter sind.

Je weiter Sie auf diesem Weg schon sind, desto weiter kommen Sie – unterstützt durch virale Effekte. Denn als Opinion Leader sind Sie in der digitalen wie in der realen Welt einflussreicher als andere. Es wird davon ausgegangen, dass sie sich in ihrem Spezialgebiet besser auskennen und dass sie damit „etwas zu sagen haben". Der Opinion Leader baut sich ein Image als Experte auf – und wird mit seiner Expertise mit der Zeit immer öfter angefragt, beispielsweise für Vorträge oder als Interviewpartner für die Medien. Damit legt er auch die Basis für eine Steuerung des Investitionsverhaltens seitens potenzieller Kunden. Denn gerade im B2B-Geschäft kauft man bevorzugt von dem, der ein hohes

Ansehen besitzt. Meinungsführerschaft hat somit auch eine direkte ökonomische Auswirkung.

Sie repräsentieren „ihr" Unternehmen auf besonders ausgeprägte Weise – unabhängig davon, ob sie Inhaber der Firma sind oder „nur" eine leitende Funktion innehaben.

3.5 Funktion von Content im Sales Prozess

Neue Leads stellen die Grundlage für Ihre Geschäftsentwicklung dar. Im Sales Funnel sind sie jedoch nur der erste Schritt – nun geht es darum, den Interessenten zu überzeugen, damit er bei Ihnen investiert. Dabei ist Content ein Mittel, das nicht zuletzt als Zünglein an der Waage fungiert.

Indem Sie über den gesamten Vertriebsprozess gezielte Inhalte zur Verfügung stellen (Lead Nurturing), erleichtern und unterstützen Sie Kaufentscheidungen. Auch im Laufe der Kundenbeziehung haben relevante und interessante Inhalte weiterhin eine zentrale Funktion inne.

3.6 Austauschbare Inhalte und Werbebotschaften funktionieren nicht

Betrachtet man die Themen und Inhalte, über die sich viele Unternehmen via Presse oder eigener Kanäle (Blog, Social Media) zu positionieren suchen, ist jedoch festzustellen: In vielen Fällen sind diese austauschbar. Immer wieder finden sich dieselben Themen und Ansätze, neue Ideen sind selten. Häufig sind Artikel zudem gespickt mit Produktinformationen und Werbebotschaften.

Offenbar fehlt nicht nur die zündende Idee, sondern eine grundsätzliche Strategie, auf deren Grundlage Zielgruppen erreicht werden können. Wer sein Publikum enttäuscht, schadet allerdings dem eigenen Ruf. Stimmt der Content nicht, brechen der „Adobe Consumer Content Survey 2018" zufolge 67 % der User einen Einkaufsprozess ab (Absatzwirtschaft online 2018).

Abb. 3.1 Zahlen im Content Marketing. (Quelle: schmitt kommuniziert.)

Gerade für kleine und mittelständische Unternehmen (KMU) ist es zu empfehlen, lieber weniger Content zu produzieren – und dafür bei jedem Beitrag darauf zu achten, dass er dem Interesse der Leser gerecht wird. Und dass er handwerklich gut umgesetzt ist. Qualität und Mehrwert sollten immer Priorität haben.

Denn Internetnutzern steht heute eine große Auswahl an Angeboten zur Verfügung. Mit wenigen Klicks werden sie auf verschiedene Angebote zu einem Thema stoßen – und sich daraus diejenigen aussuchen, die am besten weiterhelfen.

Dorthin, wo der User Antworten auf seine Fragen bekommt, wo er sich verstanden fühlt, wird er zurückkehren. Er gewinnt Vertrauen zu demjenigen, der die entsprechenden Inhalte publiziert hat.

Darin liegt für Unternehmen und ihre Führungskräfte die Chance, sich als ein Experte zu positionieren, der wirklichen Mehrwert anbietet. Gerade im B2B wird nützlicher Content auf diese Weise zum Bindeglied zwischen Anbieter und Kunde: Wenn man einem Anbieter vertraut, steigt die Chance erheblich, dass man dort investiert und sich für die angebotenen Produkte oder Dienstleistungen entscheidet (Abb. 3.1).

3.7 Themenmanagement und Agenda Setting

Der Knackpunkt, der über Ihren Kommunikationserfolg entscheidet: Entwickeln Sie die richtigen Inhalte. Solche, die gleichzeitig die Botschaften Ihres Unternehmens transportieren und das Interesse

Ihrer Zielgruppen wecken. Echte Geschichten, die illustrieren, wie Ihre Kunden von Ihren Lösungen profitieren.

Es gibt einige Gründe, warum die PR als Ankerpunkt für externe Kommunikationsthemen dienen kann, die nach außen relevant sind: Denn fast jedes Thema, das in der Presse ankommt, können Sie auch für andere Kanäle wie etwa ein Blog oder Social Media nutzen. Umgekehrt gilt das nur mit Einschränkungen.

Wenn Sie Ihre Themen in die Presse bringen – ob online oder print – müssen Sie zuerst den Journalisten als „Gatekeeper" überzeugen. Ob Wirtschaftsmedien, Fachmedien oder General Interest: Damit Sie eine positive Resonanz schaffen, müssen Ihre Themen sehr gut sein.

Gelingt diese „Prüfung", können Sie Ihre Inhalte im nächsten Schritt mit Sicherheit bedenkenlos auch in Ihre eigenen Kanäle bringen. Beachten Sie, dass Texte und andere Formate dafür in vielen Fällen nochmals neu zugeschnitten werden müssen.

> **Praxistipp: Content Audit**
>
> Am besten machen Sie zu Beginn einen Content Audit. Hier bewerten Sie, welchen Content Sie zur Verfügung haben. Sie analysieren Ihr Umfeld und den Wettbewerb im Hinblick auf deren Content. Und Sie bewerten die in klassischen und Onlinemedien publizierten Inhalte.
> Ein Content Audit umfasst:
>
> - Print- und Onlinemedien: Was und wie schreiben die Medien zu Themen in Ihrer Branche und Ihrer Spezifikationen?
> - Social Media: Welche Themen werden in Communitys und Gruppen oder auf den Seiten Ihrer Partner, Wettbewerber, Marktbegleiter und relevanter Medien diskutiert?
> - Ihre eigene Website und Ihr Blog: Welche „Metathemen" sind hier abgebildet? Wie kommentieren Dritte auf dem Blog?
> - (Social) Intranet und Collaboration Tools: Welche Diskussionen werden von Ihren Mitarbeitern angestoßen?
> - Die Websites von Wettbewerbern: Insbesondere in deren Pressebereich, auf dem Blog und auf Social Media Accounts finden Sie gute Anhaltspunkte.
> - Keywords: Nutzen Sie den „Keyword Planner" und identifizieren Sie die Keywords mit dem größten Potenzial (Suchvolumen, Wettbewerb, Klickpreise etc.) für Ihre Themenfelder.
> - YouTube: Welche Videos gibt es zu Ihren Themen?

> - Konferenzen und Veranstaltungen: Die auf Kongressen und Tagungen besprochenen Themen geben einen hervorragenden Überblick über das, was aktuell ist. Häufig finden Sie auch Nachberichte und Resümees.
> - Gespräche mit dem Vertrieb und dem Kundenservice: Welche Themen sind für Kunden relevant? Welche Erfahrungswerte gibt es? Welche Probleme tauchen auf – und wofür gibt es Lob?
>
> Zur Dokumentation Ihrer Ergebnisse genügen eine – oder mehrere – Excel-Tabellen.

Nehmen Sie die Ergebnisse des Audits als Anhaltspunkte. Das bedeutet nicht, das Gleiche noch einmal zu kommunizieren wie die Wettbewerber. Oder noch mal wiederkäuen, was die Presse schon umfangreich thematisiert hat.

Machen Sie Brainstormings entwickeln Sie Themen. Denn Sie wollen sich ja gerade durch „Unique Content" von dem abgrenzen, was schon da ist oder was die anderen schreiben. Daher ist zu empfehlen, gezielt Nischen zu besetzen und das eigene Content-Angebot im Triangel von Ihrer Unternehmensstrategie und den Themen zu gestalten, die für Ihre Kunden interessant sind.

Das muss nicht alles auf einmal passieren. Denn je mehr Geschichten Sie bereits haben, desto mehr entwickeln sich meist „wie von selbst" oder beim Medien-Monitoring.

„Gute" Themen und „guter" Content sind beispielsweise:

- **Trends und Entwicklungen:** Wie können Sie aktuelle Trends nutzen, um sich zu positionieren? Kommentare und Analysen sind gefragte Aufhänger.
- **Zahlen, Daten, Fakten:** (Fast) jedes Unternehmen hat die Möglichkeit, Daten zu sammeln und zu analysieren. Können Sie Datenschätze (selbstverständlich anonymisiert) „heben" – zum Beispiel aus dem Kundenservice oder dem Vertrieb? Können Sie allgemeine Entwicklungen daraus ableiten, die für Leser interessant sind?
- **Studien und Umfragen:** Von Ihnen angestoßene Studien sind ein hervorragendes Mittel, um sich zu positionieren und zu zeigen,

dass Sie das Ohr am Markt haben. Kleinere Umfragen können Sie eventuell selbst durchführen, bei größeren Studien sollten Sie eine Marktforschung beauftragen oder beispielsweise mit einer Hochschule zusammenarbeiten.

- **Spezifisches Fachwissen:** Welche Expertise besitzen Sie, von der Leser profitieren können? Wo haben Sie besondere Kompetenz? Entwickeln Sie aus dieser Expertise die richtigen Storys, werden Sie damit definitiv Interesse bei Ihren potenziellen Kunden wecken.
- **Anwenderberichte und Case Studies:** Konkrete Einsatzszenarien Ihrer Lösung oder Dienstleistungen sind besonders interessant, weil anhand von Beispielen leicht verständlich wird, worin die Vorteile liegen. Am besten lassen Sie Ihre Kunden dabei ausführlich zu Wort kommen und entwickeln schöne und gut lesbare Storys.
- **Firmenportraits und Personalien:** Haben Sie Mitarbeiter mit besonders interessanten Jobs? Oder Jobs, unter denen sich viele Leute nichts vorstellen können oder sich etwas Falsches vorstellen? Gibt es ungewöhnliche Konstellationen in Ihrem Unternehmen, die Sie erzählen können? Präsentieren Sie am besten Geschichten, die von der üblichen Norm abweichen.
- **Blicke hinter die Kulissen:** Wie entstehen Produkte? Wie sind die Abläufe, zum Beispiel in der Logistik? Fertigen Sie Produkte für Ihre Kunden individuell an? Dann machen Sie doch einfach eine Geschichte für Ihren Blog daraus.

3.8 Content-Strategien umfassen einen mehrstufigen Prozess

Die Herausforderung liegt darin, Content anzubieten, der den Mehrwert bietet, mit dem die Zielgruppen auf ein Unternehmen aufmerksam werden – und mit dem Entscheidungsträger auf der Seite potenzieller Kunden und Partner vom Angebot zu überzeugen sind. Hierzu ist in der Regel ein mehrstufiger Prozess notwendig (Abb. 3.2).

Es gilt, sich vor Augen zu führen, welche Informationen für User relevant und interessant sind. Unternehmen dürfen sich dabei nicht

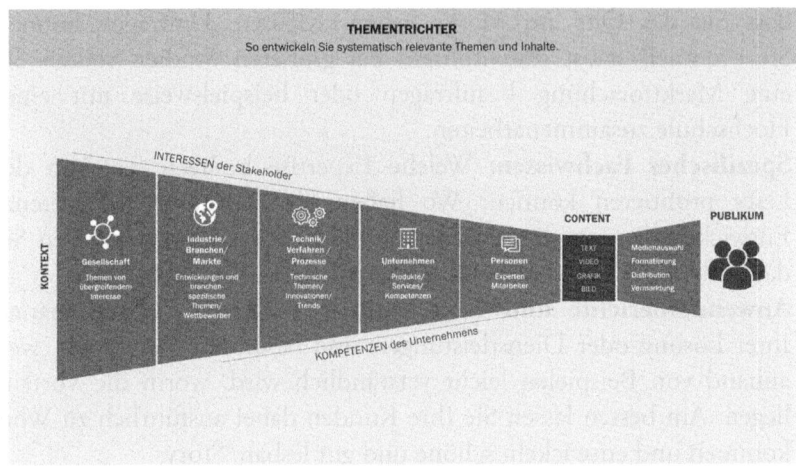

Abb. 3.2 Thementrichter und Content-Entwicklung. (Quelle: Script Corporate + Public Communication GmbH, www.script-com.de)

nur an ihrer eigenen Ausrichtung orientieren, sondern sollten sich in die Welt des potenziellen Kunden hineinversetzen. Dies erfordert ein gewisses Maß an Empathie und ein profundes Verständnis dessen, was für die Zielpersonen nützlich ist.

Die daraus resultierenden Inhalte und Themen müssen aufbereitet und zusammengeführt werden mit der Business-Strategie eines Unternehmens, aus der sich die Botschaften und Themen ableiten, die zu kommunizieren sind.

3.9 Entwicklung der Content-Strategie

Im Mittelpunt steht im Content Marketing die Frage, wie es gelingt, genau auf die Zielgruppen zugeschnittenen Content anzubieten und zu erstellen – mit dem Sie den gewünschten Mehrwert anbieten und gleichzeitig Ihre Botschaften kommunizieren. Die Differenzierung der folgenden Phasen ist dabei sinnvoll und gelingt am besten im Rahmen von Workshops (Abb. 3.3):

3 Content Marketing

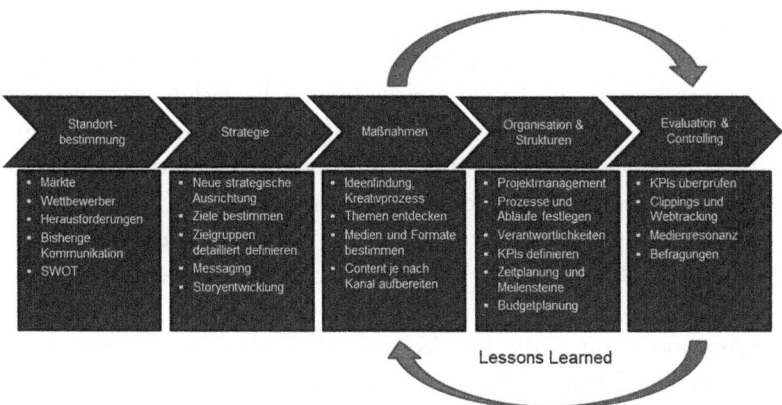

Abb. 3.3 Konzeptentwicklung. (Quelle: schmitt kommuniziert.)

1. **Die Buyer Persona genau bestimmen**
   Um auf Ihre Interessenten und potenziellen Käufer zugeschnittenen Content zu produzieren, braucht es zunächst ein klares Bild davon, wie diese „ticken". Es stellt sich die Frage, wer die klassische Buyer Persona ist.
   – Geschlecht, Alter, Dauer der Berufserfahrung: Was sind die Hintergründe der Buyer Persona?
   – Position im Unternehmen: Welche Verantwortung übernimmt die Buyer Persona?
   – Typische Herausforderungen im Arbeitsalltag: Welche Probleme sind zu lösen?
   – Motivation und Ziele: Was treibt die Buyer Persona an?
2. **Analysieren, in welchen Situationen der Bedarf an Ihren Leistungen virulent wird**
   – Wann ist ein typischer Zeitpunkt, zu dem Ihre potenziellen Kunden Ihre Unterstützung benötigen oder davon profitieren könnten?
   – In welcher Situation wird der Bedarf an Ihren Leistungen für die Zielgruppen virulent?
   – Wie können Sie diesen entscheidenden Moment in Ihrer Kommunikation berücksichtigen?

3. **Den Anspruch der Zielgruppen an Medieninhalte ermitteln**
Aus einem vertieften Verständnis der Zielgruppen resultiert automatisch ein Grundverständnis dessen, welche Inhalte die Zielgruppen interessieren. Dieses kann durch verschiedene Maßnahmen unterstützt werden:
   - Tägliche Medienbeobachtung: Worüber berichten die Medien, die für die jeweilige Branche von Bedeutung sind?
   - Monitoring von Diskussionen in sozialen Netzwerken und Expertenblogs: Welche Themen werden besprochen? Wofür werden Likes und Shares verteilt?
   - Austausch mit Sales: Der Vertrieb weiß meist am besten, welche Herausforderungen für die Kunden im Vordergrund stehen – und kann beurteilen, mit welchen Themen man punktet.
   - Gespräche mit Kunden: Im direkten Gespräch erfährt man aus erster Quelle, welche Themen für bestehende und potenzielle neue Kunden interessant sind.
4. **Agenda Setting und Erstellen eines Redaktionsplans**
Basierend auf den Erkenntnissen, die Sie mit diesen Schritten gewinnen konnten, geht es nun in die entscheidende Phase: Sie entwickeln konkrete Themen. Am besten machen Sie darauf basierend einen Redaktionsplan über die kommenden Monate. Benennen Sie Themen konkret, ggf. mit einer kurzen Skizzierung der Story Line, und deklarieren Sie, welche Themen für welche Medien und Kanäle eingeplant sind.
5. **Testing und Pilotphasen**
Testballons unterstützen dabei, Machbarkeit und Ergebnisse zu einem frühen Zeitpunkt zu überprüfen. Das funktioniert auch im Marketing. Erste Content-Stücke sollten dabei mit kleinem Aufwand produziert werden, um die Reaktionen der Zielgruppen zu testen. Sinnvoll ist es, an dieser Stelle die wichtigsten Key Performance Indikatoren (KPIs) im Hinblick auf Ihre Kommunikation zu definieren. Bereits in dieser Phase sollten Sie überprüfen, inwieweit die damit verbundenen Ziele erreicht werden können. Dazu implementieren Sie einige Messmethoden wie das Tracking von Medien-Clippings, Website Analytics, Backlinks sowie Likes und Shares in sozialen Netzwerken. Diese Instrumente lassen sich nach erfolgreichem Abschluss der Testphase und dem vollständigen Roll-out der

Kommunikationsaktivitäten skalieren, sodass Instrumente für das Kommunikationscontrolling zur Verfügung stehen.
Sie müssen allerdings beachten, dass diese Anfangsergebnisse noch keine volle Aussagekraft haben. Denn Kommunikation entfaltet erst über einen längeren Zeitraum ihre volle Wirkung.

6. **Redaktionsplanung und Roll-out**
Nach erfolgreichem Abschluss der Pilotphase ist – unter Berücksichtigung der Testergebnisse – der Redaktionsplan zu vervollständigen und zu ergänzen. Empfehlenswert ist, diesen nun auf einen Zeitraum von sechs bis zwölf Monaten auszulegen. Sukzessive Ergänzungen und Updates sind obligatorisch.
Bei jedem Thema ist zu prüfen, welche Formate sich am besten eignen, um die Zielgruppen zu erreichen. Daraufhin kann mit der Content Creation (Produktion und Veröffentlichung von Texten, Videos etc.) begonnen werden.
Es ist sinnvoll, den Redaktionsplan laufend upzudaten oder sich zu bestimmten Zeitpunkten intensiv damit zu beschäftigen – etwa jeweils zu Ende eines Quartals.

7. **Kommunikationscontrolling und Evaluation**
Key Performance Indikatoren (KPIs) ermöglichen es, ein klares Bild der zu erreichenden Ziele zu gewinnen. Die Überprüfung ist anhand zu definierender Kennzahlen möglich. Mithilfe der bereits skizzierten sowie weiterer Instrumente ist die Zielerreichung laufend zu kontrollieren.

3.10 Der richtige Content für die Customer Journey

Wie bereits skizziert, bezeichnet die Customer Journey die Zyklen, die ein Kunde durchläuft, bevor er sich für den Kauf eines Produkts entscheidet – und umfasst auch die darauf folgenden Schritte, die zu einer langfristige Kundenbeziehung führen sowie die Chance auf Weiterempfehlung unterstützen. Dazu zählen alle Berührungspunkte (Touchpoints) mit einem Unternehmen oder auch mit dessen Angeboten (Abb. 3.4).

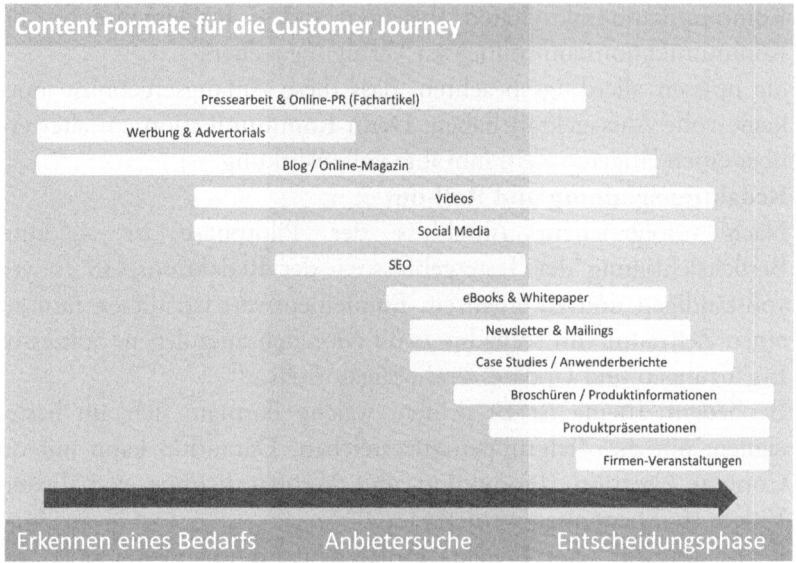

Abb. 3.4 Content-Formate auf der Customer Journey. (Quelle: schmitt kommuniziert.)

Von einem Content-Standpunkt aus betrachtet, gehören zur Customer Journey zum Beispiel direkte Touchpoints via Website, Blog oder PR-Artikel. Ebenso Social Media, Foren oder Bewertungsportale.

Die immer mehr an Bedeutung gewinnende Aufgabe des Marketing besteht darin, über die gesamte Customer Journey hinweg gezielt die Inhalte anzubieten, die für die potenziellen neuen Kunden interessant sind.

Wie die Inhalte aufzubereiten sind, hängt in einem hohen Maße davon ab, wo die Zielgruppen gerade stehen: Zu Beginn können das allgemeine Informationen sein, um einen Überblick über ein Thema zu gewinnen. Hat sich ein Interessent bereits mit einer Thematik auseinandergesetzt und ist er vielleicht bereits in der Entscheidungsphase für ein Angebot, sollten die Inhalte spezieller darauf zugeschnitten sein.

Die Informationstiefe muss somit abgestuft werden. Dabei geht sie in der Regel mit unterschiedlichen Formaten einher.

Erste Touchpoints können zum Beispiel über Autorenbeiträge und Pressemitteilungen erfolgen, die in Fachmagazinen und auf Onlineportalen veröffentlicht werden. Eine ähnliche Funktion übernehmen Blogbeiträge, die in Suchmaschinen gut gerankt werden und so Besucher auf die Seite bringen. Unterstützend wirken Social Media, die ebenfalls dazu beitragen, User auf die Website zu lenken.

In Richtung einer Kaufentscheidung nimmt die Bedeutung dieser Formate dagegen ab. Im weiteren Verlauf werden verstärkt Formate wie Whitepaper angeboten, die vertiefte Informationen präsentieren. Auf der Zielgeraden stehen dann Produktdemonstrationen, Case Studies oder auch Kundenbewertungen im Vordergrund.

Im Laufe einer Kundenbeziehung spielen – neben persönlichen Touchpoints – Newsletter, Social Media oder auch exklusiv für Kunden und Partner zugängliche Plattformen eine zentrale Rolle.

3.11 Content Marketing und Werbung

Mitunter wird Content Marketing beschrieben als „Werbung mit journalistischen Mitteln". Das ist so sicher nicht richtig und in jedem Fall deutlich zu „platt". Tatsächlich hat Content Marketing aber etwas zu tun mit einem journalistischen Ansatz. Ebenso ist eine Verbindung zur Werbung durchaus vorhanden. Aber Content Marketing ist wesentlich mehr als die Summe dieser beiden Teile.

Vielmehr ist Content zielführend, wenn er den Nerv potenzieller Kunden in einer bestimmten Phase des Kaufprozesses trifft. Das passiert nicht mit den üblichen Werbebotschaften, sondern durch nutzwertige Inhalte wie interessante Informationen, treffende Analysen und ansprechende Geschichten. Es gilt, dem User neues Wissen und spannende Storys mit auf den Weg zu geben oder auch anschaulich den Einsatz einer Lösung aufzuzeigen. Dabei kann es sinnvoll sein, die Herausforderungen zu skizzieren, die vor den Zielgruppen liegen – und auf fachlicher Ebene zu zeigen, wie diese zu lösen sind. Es müssen die Fragen aufgegriffen werden, die sich die Zielgruppen im jeweiligen Kontext stellen. Der User lernt etwas oder ist in der Lage, einen Sachverhalt aus einer anderen Perspektive zu sehen. Je nach Fragestellung und Zielgruppe können – auch im B2B-Bereich – darüber hinaus unterhaltende Inhalte eingeflochten werden.

Zwar hat Content Marketing im weitesten Sinne auch mit Werbung zu tun. So können Sie beispielsweise die Botschaften, die Sie auch im klassischen Marketing transportieren, zum Teil für Ihr Content Marketing übernehmen. Nur verläuft der Prozess völlig unterschiedlich. Sie werden die Botschaften völlig anders verpacken.

Dennoch können Sie natürlich – unabhängig vom Content Marketing – weiterhin auch auf klassische und auf Onlinewerbung setzen. Auch in der PR können Sie Infos aus Ihrem Unternehmen jederzeit kommunizieren – ob es um neue Produkte und Angebote geht oder um anderweitige Corporate News. Diese sind für Fachmedien im B2B relevant. Sie legen die Grundlage für ein positives Presseecho, wenn Sie mit solchen Informationen auf Redaktionen zugehen.

Ob eigene Angebote zum Beispiel in Blogartikeln eingebunden werden sollen, darüber gibt es unterschiedliche Meinungen. Grundsätzlich spricht wenig dagegen, dass Sie am Schluss eines Beitrags einen Call-to-Action einbauen, in dem Sie auf weiterführende Infos aus Ihrem Portfolio hinweisen.

Ebenso können eigene Angebote im Sinne eines Storytelling-Ansatzes charmant in die Content-Kommunikation eingebunden werden.

Auch Content Pieces, in denen Sie auf dem Blog oder in Social Media über Ihre Aktivitäten sprechen – zum Beispiel, was Sie auf einer Messe präsentiert haben, welche Themen Sie den Besuchern diskutiert haben – kommen bei Usern gut an.

Letztlich entscheidend ist die richtige Mischung aus verschiedenen Content-Angeboten und deren Distribution über die passenden Kanäle. Dies sollte im Rahmen eines Konzepts von Anfang an festgelegt und laufend feinjustiert werden.

„Content bringt Ranking, Klicks und Aufträge"

Andreas Wollin, Leiter Kommunikation bei WENZEL GmbH druck kopie media, spricht über Hintergründe und Wirkung der von ihm implementierten Content-Strategie

Andreas, euer Unternehmen gibt es seit 1969. Kannst du uns ein wenig über euch erzählen? Wie viele Mitarbeiter habt ihr? Was genau sind eure Leistungen?

3 Content Marketing

WENZEL ist über die vergangenen Jahrzehnte von einem Mitarbeiter, dem Gründer und heutigen Geschäftsführer Gunter Wenzel, gewachsen und beschäftigt heute knapp 100 Mitarbeiter. Die Leistungen beziehen sich hauptsächlich aufs Drucken in allen Formaten und auf allen Materialien, zum Beispiel der Plotservice (Drucken von Bauplänen), das Drucken im Großformat (Fotos als Leinwand, Werbebanner, Roll-ups, Pop-ups) sowie Prospekte, Broschüren, Fototassen und andere mehr. Ein weiteres großes Standbein ist der Scanservice. Kleinformatige Dokumente sind genauso „willkommen" wie Gemälde hinter Glas und im Rahmen, die wir reflexionsfrei digitalisieren können.

Ein Alleinstellungsmerkmal sind die vier Filialen in München, die als Anlaufstelle für Kunden dienen, die fachmännische Beratung suchen. Druck ist ein recht erklärungsintensiver Bereich (was ist die beste Auflösung, was sind Schnittmarken und was ist Beschnittzugabe usw.). Weiterhin schätzen die Auftraggeber die Möglichkeit der Selbstabholung.

Ganz offensichtlich spielt Content Marketing eine wichtige Rolle bei Wenzel Druck. Wie hat das angefangen? Kannst du die „Geschichte des Content Marketing" bei euch im Hause kurz skizzieren?

Angefangen hat dies mit der Aufnahme meiner Tätigkeit bei WENZEL 2009. Damals wurde ausschließlich PR betrieben, online wie offline. Die Social Media kamen hinzu und wurden erschlossen, WENZEL ist auf Twitter, YouTube, Facebook und Instagram vertreten.

Weiterhin spielte im Laufe der Zeit SEO und in diesem Zusammenhang Mobile eine immer wichtigere Rolle, sodass wir einerseits die Website zweimal relaunchten, um sie mobilfähig zu machen. Andererseits beschlossen wir, möglichst wöchentlich über interessante Projekte bei WENZEL zu berichten und so das Ranking positiv zu beeinflussen. Google liebt frischen Content und wenn dieser wenigstens ungefähr nach Google-Spielregeln angelegt ist, bringt er Ranking, Klicks und schlussendlich Aufträge.

Hattet ihr von Anfang an eine ausgearbeitete Strategie oder seid ihr eher operativ an die Sache rangegangen und habt das dann entwickelt?

Wir hatten von Anfang an eine Strategie. Unter anderem haben wir genau festgelegt, in welchem Rhythmus wir die Beiträge bringen wollen (wöchentlich, nicht in den Ferien usw.), legten die Inhalte fest (nicht nur platte Rabattaktionen als „News" verkaufen, sondern interessante Projekte unserer Kunden) usw. Manches allerdings müssen wir spontan entscheiden. Beispielsweise können wir nur sehr bedingt einen kompletten Redaktionsplan über ein Jahr realisieren. Wir wissen, welche Themen wir wann setzen möchten, aber nicht immer ist ein entsprechendes Kundenprojekt da. Dann verschieben wir das Thema und entscheiden uns eben für etwas anderes.

Was heißt „Content" für euch? Sprecht ihr über Themen von Wenzel Druck, seid ihr fachlich orientiert in der Kommunikation? Oder habt ihr unterhaltende Elemente?

Wir sprechen hauptsächlich über Projekte, die unsere Kunden an uns herantragen. Im besten Falle sind diese ausgefallen. Zum Beispiel wünschte sich eine Agentur, dass wir aus Rindsleder Hirsche auslasern. Diese ließen sich unten zusammenstecken und damit zum Stehen bringen. Ein schönes und exotisches Weihnachtsgeschenk an diese Agentur. Weiterhin können wir bei unterschiedlichen Beiträgen unsere Expertise unter Beweis stellen. Beispiel: Gelaserte Acrylbuchstaben als Wandbeschriftung oder das Verkleben von Autos oder Schaufenstern.

Warum konsumieren die Leute eure Inhalte gern?

Weil wir nicht nur berichten, sondern wo immer es geht eine Geschichte dazu erzählen. Beispiel: Eine Künstlerin wollte ihre Malerei duplizieren. Nun können wir schreiben: Wir haben das auf den Scanner gelegt und ausgedruckt, fertig. Das wäre allerdings etwas zu trocken.Viel interessanter war dabei, dass eine Kundin dieser Künstlerin das eigentlich unverkäufliche Original unbedingt haben musste. Daraufhin „kopierten" wir das Werk. Die Künstlerin war so begeistert, dass sie der Kundin Original und „Fälschung" nebeneinander legte und sie entscheiden ließ, welches sie haben möchte. Solche kleinen Geschichten ziehen natürlich besser als das reine Berichten über eine Dienstleistung.

Habt ihr einen Content Hub? Wenn ja, welche Plattform ist das?

Alle Inhalte landen bei uns auf dem Blog, der über unsere Website erreichbar ist. Flankiert wird dieser mittels Newsletter und Social Media.

Welche Bedeutung hat bei euch der Blog im Marketing-Mix?

Eine sehr große. Das Marketing hat sich bei uns im Laufe der Jahre stark auf das Thema „online" verlagert. Ich würde sogar sagen, dass das Blog unser „Herzstück" ist, denn dort sind die interessanten Inhalte. Klar, Newsletter und Social Media dienen der Verbreitung, aber der wertvolle, rankende Content ist im Blog und damit auf unserer Website vereint, die wichtigste Anlaufstelle für potenzielle Kunden von WENZEL.

Wie wichtig sind Social Media und was sind eure Ziele in diesem Bereich?

Die Priorität der unterschiedlichen Kanäle ist so unterschiedlich wie deren Präsenz bei deutschen Nutzern. Mit anderen Worten: Twitter spielt eine immer kleinere Rolle. Ein Posting in der Woche ist schon viel, die Reichweite ist einfach zu gering. Facebook wurde für einen Mittelständler wie uns ebenfalls etwas unattraktiver, da die Plattform Beiträge von „Gefällt mir"-Seiten ausgelistet hat. Wir erreichen weniger Leute als vorher, sind aber nicht bereit, für Reichweite zu bezahlen. Instagram wird einmal pro Woche bespielt. Hier nehmen wir uns etwas mehr Zeit für die

Bildaufbereitung, die Hashtags usw. Mehr als Posting betreiben wir aber auch hier nicht. YouTube haben wir mittlerweile mit zahlreichen Videos „ausgestattet", die teilweise auch recht gut ranken und in den Google-Suchergebnissen auftauchen. Auch hier gilt: Rein organische Reichweite ist interessant. Einmal haben wir eine bezahlte Kampagne probiert, die allerdings nicht profitabel lief und damit ad acta gelegt wurde. Insgesamt dienen uns die Social Media hauptsächlich zur Verbreitung unseres Contents. Bezeichnet man WhatsApp als Teil der „Social Media", dann dient auch dieser Kanal zur Verbreitung unseres Contents. Außerdem aber zur Beantwortung von Serviceanfragen (hier kommen mit Abstand die meisten Anfragen rein, weniger bei Facebook, kaum noch bei Twitter).

Welche Bedeutung haben PR und Influencer?

PR betreiben wir aus Zeitgründen nicht mehr so intensiv wie früher, aber hin und wieder bemühen wir uns um die Platzierung von Fachartikeln, Interviews usw. Influencer haben in meinen Augen in jüngster Vergangenheit an Reputation eingebüßt und an Glaubwürdigkeit verloren. Natürlich darf man nicht alle über einen Kamm scheren, aber wir setzen knappes Budget lieber woanders ein.

Wie wichtig ist Bewegtbild?

Wie erwähnt, ist der YouTube-Kanal mit über 30 Videos sehr wichtig für uns. Wir ranken gut, die Videos landen in den Google-Suchergebnissen. Allerdings ist die Produktion dieser Videos recht aufwendig, sodass wir im Jahr maximal vier neue Videos posten.

Wie sieht die Verteilung zwischen Earned, Owned, Paid und Social aus? Wie greifen die vier Bereiche ineinander?

Owned ist der absolute Schwerpunkt. Für einen Mittelständler ist es eine Herausforderung, wöchentlich interessante Inhalte abzuliefern, mit einem guten Text (der trotzdem rankt), optimiertem Fotomaterial für alle Kanäle (Social) usw., um gleich die Frage nach „Social" zu beantworten. Earned und v. a. Paid spielen eine untergeordnete Rolle.

Wo ist die interne Kommunikation aufgehängt? Welche Kanäle nutzt ihr und welche Themen spielen eine Rolle?

Die interne Kommunikation ist bei mir verortet, reduziert sich aber eher auf rein interne Themen, also neue Regelungen, Hinweise der Geschäftsführung. Diese Informationen gehen mit der Gehaltsabrechnung an alle Kollegen. Wer von den Kollegen möchte, kann sich bei unserem WhatsApp-Kanal registrieren.

Habt ihr ein Kommunikationscontrolling? Wie messt ihr den Erfolg?

Hauptsächlich messen wir über die Statistiken im Newsletter und die Kennzahlen aus Google-Analytics, also Klicks, Verweildauer usw.

Weiterhin arbeiten wir mit Sistrix und kontrollieren den Sichtbarkeitsindex und das Ranking diverser Keywords.

Welche personellen Ressourcen setzt ihr für euer Content Marketing ein (intern/extern)?
Das Content Marketing wird hauptsächlich von mir betrieben. Ich texte, fotografiere und bereite das Bildmaterial auf. Mir steht bei Bedarf eine Agentur zur Seite, die ich bei technischen Fragen einschalte sowie ein interner Grafiker, der mir bei kniffligen Photoshop- und Indesign-Dingen hilft, die über meine Kenntnisse hinausgehen.

Start-ups und Content Marketing

In der Zeit nach ihrer Gründung liegt die Story für Start-ups meist auf der Hand: Die Gründer können über das Produkt, die Philosophie und die Idee hinter ihrem Start-up sprechen. Interessant sind ihre Ziele, die Frage nach der Finanzierung und den Investoren sowie den Herausforderungen in der Gründungsphase.

Viele hören nach der Startphase auf, zu kommunizieren. Dabei verschenken sie ein immenses Potenzial, wenn sie kommunikativ von der Bildfläche verschwinden. Gerade, wenn Sie schon eine Wahrnehmung geschaffen haben, sollten Sie diese positiven Effekte nicht wieder preisgeben.

Nutzen Sie die Chance, präsent zu bleiben. Dafür braucht es Kreativität, um Geschichten auf den Leser zuzuschneiden. Interessant für die Medien ist dabei insbesondere eine Kombination aus Zahlen, Daten und Fakten mit spannenden Hintergrundinformationen. Ebenso relevant ist das Fachwissen, das aus der Praxis resultiert. All diese Aspekte können Unternehmen in der Regel aus ihrem eigenen Fundus gewinnen.

Tipps:
1. Schaffen Sie eine originäre Grundlage aus eigens evaluierten Zahlen und Daten. Das hilft Ihnen, eine seriöse und glaubwürdige Grundlage zu bauen, um das Interesse Ihrer Zielgruppen zu gewinnen.
2. Eine langfristige Planung unterstützt Sie dabei, eine Content-Dramaturgie zu schaffen, die über einmalige Veröffentlichungen hinausgeht und Sie in der Kommunikation langfristig trägt. Damit bauen Sie sich eine Positionierung als Experte und Meinungsführer auf.
3. Illustrieren Sie die Daten mit interessanten Bildern oder Infografiken. Damit werden Informationen deutlich attraktiver aufbereitet und bleiben besser in Erinnerung.

Ihr Transfer in die Praxis

- Sprechen Sie mit Ihren Kollegen aus allen Abteilungen, die mit der Customer Journey zu tun haben und bitten Sie sie um Kooperation und Austausch.
- Identifizieren Sie mittels Content Audit werthaltigen Content in Ihrem Unternehmen und ordnen Sie diesen den einzelnen Touchpoints zu.
- Entwickeln Sie Ihre unternehmenseigene Content-Strategie: Wie sehen die Buyer Personas aus? Wann brauchen diese Ihren Content? Wie soll dieser genau aussehen?

Literatur

Absatzwirtschaft online (2018). Top-Studie: Schlechter Content killt Ihre Marke, 9.2.2018. http://www.absatzwirtschaft.de/top-studie-schlechter-content-killt-ihre-marke-124615. Zugegriffen: 28. Juni 2018.

4 Digitale Content Distribution

> **Was Sie aus diesem Kapitel mitnehmen:**
>
> - welche Bedeutung Content Distribution und Content Seeding haben;
> - welche Kanäle es gibt, um Content zu verteilen;
> - welche Vor- und Nachteile diese haben.

Content kann noch so gut sein – wenn er nicht bei den Zielgruppen ankommt, hat er seine Wirkung verfehlt. Für eine höhere Reichweite und eine gute Verbreitung genügt es also nicht, nur Inhalte auf eine Website zu stellen – selbst wenn sie noch so hochwertig und einzigartig sind. Ebenso wichtig ist es, sie aktiv zu verbreiten.

Die Content Distribution – auch Content Seeding genannt – muss daher ein zentraler Bestandteil einer Content-Strategie sein. Zu dieser gehören die drei Bereiche Owned, Paid und Earned Media. Eine Sonderrolle bei der Distribution haben Social Media inne. Soziale Netzwerke bieten zum einen die Möglichkeit, Themen und News zu distribuieren. Auf der anderen Seite beinhalten sie eine Interaktion mit den Zielgruppen.

Erfolgreiche digitale Kommunikation bedeutet auch die Einbindung weiterer Multiplikatoren, die Themen über ihre Kanäle distribuieren. Im Idealfall gelingt es, virale Effekte zu erzielen, die dafür sorgen, dass sich Ihre Inhalte wie ein Lauffeuer verbreiten.

4.1 Vom klassischen Mediamodell zu Social

Das gängige Mediamodell aus dem „analogen Zeitalter", das die Bereiche Paid, Owned und Earned umfasste, hat seine Bedeutung längst verloren. Mit der Digitalisierung hat es sich zumindest grundlegend verändert.

Das hat nicht nur, aber doch sehr stark etwas zu tun mit sozialen Medien, die unseren Medienkonsum seit rund zehn Jahren radikal verändern.

Der User bestimmt nicht nur in einem wesentlich höheren Maße über seine Mediennutzung, sondern publiziert Content, wann immer er will.

Soziale Plattformen sind somit essenzieller Bestandteil eines aktuellen Mediamodells. Dabei ist zu beachten, dass Social nicht einfach nur hinzukommen und sich einfügen – vielmehr haben Social Media die Mediennutzung vollständig und unumkehrbar verändert.

Dem müssen Unternehmen ins Auge sehen, wenn es um ihr Content Marketing und um ihr Reputation Management geht.

4.2 Owned Media

Mit Owned Media stehen Ihnen Kommunikationskanäle zur Verfügung, die Sie selbst bespielen können und die für Empfänger als unternehmenseigene Medien zu erkennen sind. Content kann sowohl redaktionell als auch werblich gestaltet werden. In vielen Fällen werden beide Ziele gebündelt. Zu Owned Media gehören insbesondere:

- Websites und Blogs/Online-Magazin
- Onlineplattformen (z. B. Knowledge Sites)
- Printmagazine (z. B. Kundenzeitschrift, Mitarbeitermagazin)
- Whitepaper (ausführliche Abhandlung über ein fachliches Thema)
- E-Books (ähnliches Format wie ein Whitepaper, allerdings praxisnäher)

- Case Studies bzw. Anwenderberichte
- Business TV
- im weitesten Sinne auch Newsletter und Mailings

Auch Social Media Plattformen wie Facebook, Twitter, Instragram und YouTube werden häufig Owned Media zugeordnet. Denn sie werden von Ihnen gehostet, Sie bestimmen die Inhalte und damit „gehören" Ihnen diese Kanäle gewissermaßen. Dennoch unterscheidet sich Social Media natürlich von den übrigen Owned Media. Denn durch die Möglichkeit öffentlicher Diskussionen und Dialoge ist es Usern möglich, direkten Kontakt mit Ihnen aufzunehmen – und das auch für andere User sichtbar zu machen bzw. diese in eine Diskussion einzubeziehen. Deshalb werden sie hier den Shared/Social Media zugeordnet.

Instagram und YouTube haben übrigens weniger Social-Attribute als zum Beispiel Facebook oder Twitter, da hier kaum „sozial" interagiert wird. Sie sind daher eher den Owned Media zuzuordnen.

Owned Media

Chancen:
- Design und Inhalte werden auf Basis der Kommunikationsleitlinien gestaltet.
- Die Kontrolle über eigene Inhalte und den Zeitpunkt der Veröffentlichung bleibt bei Ihnen.
- Botschaften können ungefiltert und unabhängig von Dritten platziert werden.
- Qualifizierte Ansprache der Zielgruppe ist mit wenig Streuverlust möglich.
- Es entstehen keine hohen Kosten für Mediaschaltung. Die Erstellung von Content ist über interne Ressourcen oder einen Dienstleister abzudecken.
- Aus Owned Media können Inhalte für Earned Media resultieren.
- Owned Media ist hervorragend für SEO-Optimierung geeignet.
- Die Messbarkeit der Ergebnisse ist einfach.

Probleme:
- Die Glaubwürdigkeit auf eigenen Kanälen ist im Vergleich zu Earned Media eingeschränkt.
- Die Reichweite ist zunächst oft niedrig, die Steigerung braucht oft Zeit und Anstrengung.

4.3 Earned Media

Earned Media müssen Sie sich im konkreten Sinne des Wortes verdienen: Nicht mit Geld, sondern durch Inhalte. Gehaltvolle Inhalte sind nirgends so deutlich der Schlüssel zum Kommunikationserfolg wie hier – zumindest, wenn es um redaktionelle Medienberichterstattung geht, aber auch bei einigen Bloggern und Influencern (sofern keine Bezahlung stattfindet, sondern im Rahmen von nutzwertigen Inhalten berichtet wird). Unternehmen sind daher nicht Auftraggeber für Inhalte, jedoch können sie diese durch strategische PR anstoßen. Denn wenn Sie Content kreieren, der für Multiplikatoren einen Nutzwert hat oder Neuigkeiten transportiert, wecken Sie deren Interesse. Zu Earned Media und damit Multiplikatoren gehören insbesondere die folgenden:

- journalistische Medien und deren Onlineportale (Wirtschafsmedien, Fachmedien, ggf. auch Zeitungen und General sowie Special Interest Medien),
- journalistische Onlineportale,
- freischaffende, auf Ihr Thema spezialisierte Journalisten,
- Communitys und Social-Media-Plattformen von Dritten,
- Thematisch passende und zielgruppenorientierte Blogs von Dritten,
- Influencer, etwa auf Instagram oder YouTube (da viele von ihnen allerdings nur gegen monetäre Bezahlung berichten, finden wir uns schnell im Bereich Paid Content wieder),
- spezialisierte Blogger, die über Ihr Thema berichten.

Eine starke Präsenz in der Presse ist für Unternehmen aufgrund der hohen Reichweite und der starken Glaubwürdigkeit der Berichterstattung besonders wertvoll. Denn diese Earned Media werden – anders als Paid und Owned Media – als unabhängig und neutral wahrgenommen.

Nicht zuletzt haben Earned Media einen Einfluss auf die SEO: So werden platzierte Beiträge in vielen Fällen sehr gut von Google & Co. gefunden. Vor allem aber haben Backlinks von News-Plattformen einen hohen Wert und wirken sich ihrerseits positiv auf das Ranking der verlinkten Seite aus. Daraus resultiert ein bedeutender Einfluss auf die Suchmaschinenoptimierung eines Unternehmens (Offpage-SEO).

Earned Media

Chancen:
- Die Reichweite ist im Vergleich zu Owned Media sehr hoch.
- Earned Media werden als unabhängig und neutral wahrgenommen.
- Die Kosten sind im Vergleich zu Paid Media niedrig.
- Die Erstellung von Content und die Platzierung in den Medien sind über interne Ressourcen oder einen Dienstleister abzudecken.
- Der Start ist zügig, unbürokratisch und mit vergleichsweise niedrigem Anfangsinvestment möglich.
- Neben Text können Sie weitere Formate wie Bilder und Videos einsetzen.
- Earned Media haben bedeutenden Einfluss auf die SEO.
- Die Messbarkeit der Ergebnisse ist insgesamt gut.

Probleme:
- Sie brauchen wirklich gute Inhalte, um das Interesse der Medien zu gewinnen.
- Berichte können nicht kontrolliert werden, da der Redakteur die Hoheit über Inhalte besitzt.

4.4 Paid Media

Paid Media beziehen sich auf gekaufte Reichweite. Das umfasst alle Formate, für die direkte Kosten entstehen – insbesondere die Nutzung von Kanälen und Werbeplätzen. Zu Paid Media gehören:

- Advertorials (on- und offline)
- Bannerwerbung im Internet
- Sponsored Posts (Text, Infografiken, Bilder oder Videos)
- Suchmaschinenwerbung (SEA)
- Social-Media-Anzeigen auf Facebook, Twitter oder YouTube
- Printanzeigen

Die Abwicklung erfolgt direkt mit dem Verleger oder Betreiber der Plattform – oder über Drittanbieter, die sich auf Mediaplanung spezialisiert haben und über Zugang zu einer Vielzahl von Werbeplattformen verfügen.

Paid Media sind im Content Marketing nicht Kern, sondern flankierende Maßnahme. Sie bewerben gezielt bestimmte Content-Stücke, etwa bestimmte Blogbeiträge oder Whitepaper, um deren Distribution zu unterstützen. Durch Paid Media lässt sich der Effekt von Content Marketing verstärken, indem bereits produzierte Content-Stücke oder Landing Pages gezielt beworben werden und somit eine stärkere Wirkung entfalten.

Content wird somit als Produkt initiiert und losgelöst von den eigentlichen Kernleistungen des Unternehmens Teil der Werbestrategie.

Paid Media beinhaltet auch Native Advertising, einschließlich kostenpflichtiger Distributionskanäle wie etwa Outbrain, die Content gezielt verbreiten.

Paid Media

Chancen:
- Hohe Reichweite, die sich gezielt steuern lässt.
- Die Reichweite von Owned Media lässt sich durch Paid Media erhöhen.
- Design und Inhalte werden auf Basis der Kommunikationsleitlinien gestaltet.
- Ergebnisse können in Form von Klickraten leicht gemessen werden.
- Der Überblick über die Kosten ist durchgängig vorhanden.

Probleme:
- Die Kosten für Paid Media sind oft deutlich höher als für Owned und Earned Media.
- User lehnen werbende Inhalte ab.
- AdBlocker können verhindern, dass Werbung bei den Zielgruppen ankommt.
- Nicht jeder Content ist für die Bewerbung geeignet.
- Kein oder kaum Einfluss auf die SEO.

4.5 Shared & Social Media

Social Media haben die Kommunikation einst revolutioniert. Nicht nur, dass Unternehmen plötzlich neue Kanäle zur Verfügung hatten, um sich zu positionieren (so gesehen sind die Plattformen praktisch Owned Media). Es entstand insbesondere die Chance, intensiver denn je in einen gewinnbringenden Dialog mit Kunden, Partnern und anderen Stakeholdern zu treten, und die Gelegenheit, mit spannenden Posts eine Grundlage für virale Effekte zu sorgen (Content Sharing durch User).

Nicht nur große Einzelhändler haben ausgefeilte Strategien entwickelt. Auch das Café um die Ecke oder der Schreibwarenladen am Ende der Straße bindet seine Kunden über Social Media. Mitunter werden ausgefeilte Ideen entworfen, um neue Zielgruppen anzusprechen.

Nun ist die Frage, was Social Media für B2B-Unternehmen bringen. Denn viele Unternehmen haben bis heute kein echtes Konzept. Häufig werden nur wenige Kanäle genutzt – wenn überhaupt. Und die Kreativität hält sich in Grenzen.

Tatsächlich ist die Frage nicht einfach zu beantworten, welche Plattformen im B2B die richtigen sind. Empfiehlt sich für sie ausschließlich die Nutzung von XING und LinkedIn? Oder sollten Marketing-Manager auch auf Facebook, Instagram und weitere Plattformen setzen?

Eine grundlegende Antwort gibt es nicht. Die Bewertung von Effizienz und Wirkung ist immer im Rahmen eines individuell zugeschnittenen Konzepts zu geben.

Grundsätzlich gilt aber auch im B2B: Je besser Formate und Kanäle ineinandergreifen, desto stärker die Präsenz. Und desto höher ist die Wirkung.

4.5.1 Content Distribution vs. User Generated Content

Der Begriff User Generated Content ging Social Media voran. Nicht einer oder wenige haben die Möglichkeit, Inhalte zu veröffentlichen – vielmehr wird jeder Internetnutzer zum Publizisten.

Unternehmen haben die Möglichkeit, mit ihren Zielgruppen ins Gespräch zu kommen – und umgekehrt. Denn „Social" oder „Shared" Content wird von Usern (mit-)gestaltet.

Damit unterscheiden sich Social Media in der Funktionsweise grundlegend von den drei „klassischen" Content-Verbreitungskanälen. Zwar gibt es, wie beschrieben, Überlappungen mit Owned Media, da soziale Netzwerke häufig genutzt werden, um eigenen Content in Form von

Text, Bild und Video zu verbreiten. Und es gibt Parallelen zu Earned Media, denn auch einen Dialog mit Ihren Zielgruppen müssen Sie sich verdienen.

Jedoch funktionieren soziale Medien seit jeher nach eigenen Gesetzen. Social, das bedeutet grundsätzlich immer das Vorhandensein einer Community. In diesem Sinne sind damit alle Foren und Plattformen, in denen Themen diskutiert werden, Teil von Social Media. Der User ist damit nicht nur Konsument, sondern immer auch potenzieller Multiplikator.

> **Praxistipp**
>
> Whitepaper, eBooks oder ähnliche Formate sind mit der Chance verbunden, neue Leads zu generieren. Beim Download können Sie die Kontaktdaten der User abfragen.
> Mit Social Media stehen Ihnen Kanäle zur Verfügung, um solche Content Pieces zu bewerben und die Reichweite durch virale Effekte zu erhöhen.
> XING-Gruppen sind dafür gut geeignet. Allerdings beschränkt XING seit einiger Zeit die Möglichkeit, bestimmte Themen in Gruppen zu verbreiten. Eine (allerdings kostenpflichtige) Alternative stellen XING-Business-Seiten dar. Dort können Sie Inhalte insbesondere über Native Advertising (Sponsored Posts) verbreiten.
> Auch Sponsored Posts auf Facebook sind hervorragend geeignet, um Content Pieces zu bewerben. Sie können die Zielgruppe hier sehr genau definieren, etwa im Hinblick auf das Alter, die Region und den beruflichen Status.

4.5.2 Content Sharing und Storytelling

Auch und gerade im B2B ist Teilen erwünscht, wenn es um digitale Kommunikation geht. Was Sie dafür benötigen? Wirklich guten Content, eingebettet in die richtige Story. Machen Sie kleine und große Content Pieces zu einem Erlebnis für den Leser, legen Sie damit die Grundlage für die Bereitschaft der User, diese online zu teilen.

Wenn Sie zum Beispiel Content Pieces wie Whitepaper oder Blogbeiträge in XING-Gruppen einstellen, die zu Ihren Themen passen, erhöhen Sie die Sichtbarkeit wesentlich – und zwar genau innerhalb

Ihrer Zielgruppe. Finden andere User die Themen relevant, werden sie sie weiter teilen oder mit „Gefällt mir" markieren (auch auf XING und LinkedIn). Im Idealfall entstehen virale Effekte (Schneeballsystem) und Ihr Content verbreitet sich wie von selbst.

Das können Sie begleiten über andere Kanäle wie Facebook oder Twitter. Welche Plattformen wirklich für Sie funktionieren? Sie können natürlich eine Analyse durchführen und ein Konzept ins Leben rufen, bevor Sie mit Aktivitäten beginnen. Dennoch: Häufig wird erst die Praxis zeigen, was den Erfolg bringt. Testen Sie es einfach mal in Pilotprojekten.

Beispiel Verbreitung Whitepaper

Ein Softwareanbieter mit Spezialisierung auf die Zielgruppe eCommerce hat ein Whitepaper zum Thema „Aktuelle Herausforderungen für den Online-Handel durch die Datenschutzgrundverordnung (DSGVO)" veröffentlicht.

Um die Sichtbarkeit zu erhöhen und mehr Downloads zu erreichen, recherchiert der Marketing Manager alle XING-Gruppen, die eine Verbindung zum Thema eCommerce haben. Er registriert sich als Mitglied dieser Gruppen.

Dort postet er einen kurzen Teaser, in dem die Inhalte des Whitepapers skizziert werden, und einen Link auf die Website (Landing Page), wo das Whitepaper heruntergeladen werden kann.

Andere XING-Nutzer, die Mitglieder in der jeweiligen Gruppe sind, sehen den Teaser standardmäßig nun auf ihrer Startseite auf XING.

Wenn es Ihnen gelingt, das Interesse zu wecken, werden diese User mit einer recht hohen Wahrscheinlichkeit auf Ihre Seite klicken und das Whitepaper herunterladen.

Außerdem werden die User im Idealfall ihrerseits ein „Gefällt mir" hinterlassen, sodass Ihr Link auch für deren Kontakte sichtbar wird. Das ist der Anfang viraler Effekte.

4.5.3 Communitys und Community Management

Was haben Facebook, LinkedIn, XING und diverse Internetforen gemeinsam? Sie alle sind Orte der Diskussion. Hier haben Sie die Chance, sich zu beteiligen. Beleben Sie die geführten „Gespräche", haben Sie damit eine Chance, sich und Ihr Unternehmen zu positionieren.

Das bringt die Chance, einen besseren Draht mit Ihren gewonnen „Fans" aufzubauen, Vertrauen zu stärken und eine Grundlage zu legen, wie Sie auch Vertriebs- oder Employer-Branding-Ziele schneller erreichen.

Begreifen Sie Social Media zudem auch als Möglichkeit, zusätzlichen Service zu bieten und zum Beispiel Anfragen aufzunehmen, die Sie an die zuständige Fachabteilung weiterleiten.

Natürlich sind auch Beschwerden, Kritik oder negative Kommentare vonseiten der User möglich. Das kann auf Ihren Social Media Accounts passieren oder an anderen Orten im Netz – etwa Facebook, Foren, Bewertungsplattformen oder Webshops.

Übrigens, selbst wenn Sie mal ein Problem oder eine Kommunikationskrise haben sollten, die Ihnen online oder mittels klassischer Medien entgegenschlägt: Durch den Verzicht auf den Einsatz eigener sozialer Plattformen machen Sie die Situation in keinem Fall besser – im Gegenteil.

Die Kontrolle über das, was im Netz passiert, unterliegt Ihrem Unternehmen dabei nicht. Wenn Sie Diskussionen aber moderieren, können Sie diese in Ihrem Sinne beeinflussen und die Deutungshoheit über Themen (zurück-)gewinnen. Moderieren können Sie sowohl positive als auch kritische Feedbacks am besten, wenn auf Ihren eigenen Accounts diskutiert wird. Dort sind Sie „Hausherr" und können ggf. auch Kommentare löschen, wenn gegen die Richtlinien der Plattform und/oder gegen die von Ihnen dort skizzierte Netiquette verstoßen wird.

> **Praxistipp**
>
> Die meisten B2B-Unternehmen sind nie oder nur selten von einer größeren Welle an Kritik aus sozialen Netzwerken betroffen. Dennoch müssen Sie sich grundsätzlich auf diesen Fall vorbereiten. Und zwar unabhängig davon, ob Sie eigene Präsenzen im sozialen Netzwerken pflegen oder nicht.
>
> Ihr Name kann überall im Netz auftauchen – ob in einem Diskussionsforum oder auf einer Plattform wie XING. Entwickeln Sie Szenarien, was dort passieren kann und wie Sie reagieren möchten.

4 Digitale Content Distribution

Shared & Social Media

Chancen:
- Sie positionieren sich in digitalen Medien.
- Themen und Botschaften können über eigene Kanäle kommuniziert werden.
- Sie haben die Chance, mit Ihren Zielgruppen in Kontakt zu kommen.
- Durch aktive Betreuung können Themen moderiert werden.
- Die Moderation von Themen erlaubt es, Einfluss auf Diskussionen zu nehmen.

Probleme:
- Die Reichweite ist besonders anfangs weniger hoch als bei Earned und Paid Media.
- Kontrolle ist nicht möglich – umso wichtiger ist es allerdings, an Diskussionen teilzunehmen.
- Community-Aufbau in Social Media ist zeitintensiv.

Ihr Transfer in die Praxis

- Bestimmen Sie die für Sie geeigneten Kanäle, um Content zu distribuieren.
- Stellen Sie sich dabei u. a. folgende Fragen: Wie viel Budget haben wir? Wie viel Content-Verteilung wollen wir selber steuern? Welche externen Kanäle und ggf. Multiplikatoren wollen wir für unsere Zwecke nutzen? Wie viel Reichweite brauchen wir überhaupt in unserem, vielleicht eher spitzen, Markt?

5 Crossmediale Kommunikation

> **Was Sie aus diesem Kapitel mitnehmen:**
>
> - dass Sie mehrere Kanäle miteinander verknüpfen sollten;
> - wie wichtig es ist, dass Content „viral" geht – und was das im B2B bedeutet;
> - wie Sie es möglichen Multiplikatoren im Social Web möglichst einfach machen;
> - dass Earned Media besonders effizient sind.

5.1 Intelligente Verbindung von Medien und Formaten

Für erfolgreichen Markenaufbau und eine zielgenaue Kommunikation auf der Customer Journey genügt es heute in den meisten Fällen nicht, auf einzelne Kanäle zu setzen. Vielmehr ist eine intelligente Verbindung verschiedener Owned-, Earned- und Paid-Angebote in Verbindung mit Social Media erforderlich.

Content-Angebote sollten in unterschiedlichen Formaten angeboten werden – zum Beispiel in Form von Fachartikeln, eBooks, Whitepapern, Case Studies, Newslettern und Social Media Posts.

Es ist zu empfehlen, Medien und Formate durchdacht miteinander zu verknüpfen und den Usern einen roten Faden zu bieten. Die verschiedenen Kanäle verstärken sich gegenseitig und erhöhen die Wirkung des Content im Idealfall überproportional.

> **Praxistipp**
>
> Ihre Zielgruppen über verschiedene Medien und Formate zu erreichen, ist einfacher als viele denken. Sie müssen dafür „nur" die Themen effizient einsetzen, die Sie im Rahmen Ihrer Content-Strategie bzw. Ihres Redaktionsplans bereits entwickelt haben. Die bereits entwickelten Texte können Sie dann in unterschiedliche Formate bringen.
>
> Oft genügen wenige Themenblöcke, um über das gesamte Jahr sichtbar zu sein. Am besten beginnen Sie mit einem Format, in dessen Rahmen Sie ein Thema sehr ausführlich aufbereiten – zum Beispiel ein Whitepaper. Daraus können Sie dann verschiedene „kleine" Themen machen, zu denen Sie Fachartikel schreiben und diese in Fachmedien oder auf Ihrem Blog veröffentlichen.

Für eine hohe Reichweite können Onlineformate ergänzt werden durch klassische Medien. Dazu zählen Fachartikel in Printmedien (Earned Media) ebenso wie Corporate-Publishing-Formate, etwa Broschüren und Flyer (Owned Media).

Wie die verschiedenen Mediatypen eingesetzt werden, muss jedes Unternehmen für jede Kampagne neu bewerten. Dies hängt von den jeweiligen Zielen, Zielgruppen und von den Inhalten ab, die zu kommunizieren sind.

> **Earned Media sind höchst effizient**
>
> Earned Media haben im Kommunikationsmix den mit Abstand höchsten Return on Investment. Die Kosten sind im Vergleich moderat – die Reichweite ist hoch und es besteht die Chance, die eigenen Themen treffend auf den Punkt zu bringen.

> Jedoch wird es immer weniger funktionieren, nur allein auf einen Bereich zu setzen. Vielmehr müssen Sie die verschiedenen Medien verbinden – und einen roten Faden in ihre Inhalte bringen. Kein Unternehmen kann sich heute sozialen Medien entziehen. Vielmehr werden Themen im Netz diskutiert – ob es einer Firma gefällt oder nicht. Wer eigene Plattformen anbietet, kann dort nicht nur die eigenen Inhalte transportieren, sondern ist auch in der Lage, Diskussionen zu moderieren – ob es um positive oder um kritische Themen geht.

5.2 Word-of-Mouth-Marketing

Persönliche Empfehlungen sind und bleiben eine der wichtigsten Grundlagen für Investitionsentscheidungen. An dieser Stelle kommt Word-of-Mouth-Marketing ins Spiel. Dies bezeichnet Maßnahmen, die das Ziel verfolgen, dass Inhalte und Botschaften uns Usern geteilt und somit schnell verbreitet werden. Im Mittelpunkt stehen dabei die Kommunikation und das Teilen von Inhalten der Zielgruppen untereinander. Im B2C kann das eine breite Öffentlichkeit sein, im B2B ist es in der Regel eine eng zugeschnittene Gruppe. Word of Mouth ist nicht auf Onlinekanäle beschränkt, sondern umfasst klassische Empfehlungen.

> **Beispiel lokaler Handwerker**
> - Ein lokaler Handwerker bittet seine Kunden, seine Leistungen an Freunde und Bekannte weiterzuempfehlen, wenn sie zufrieden waren.
> - Ein Dienstleister wirbt auf seiner Website mit einem Referenzschreiben seines Kunden.
> - Ein Onlineshop bietet seinen Kunden die Möglichkeit, Bekannten durch eine E-Mail-Funktion von einem Produkt zu erzählen, das ihnen gefällt.
> - Ein Unternehmer konzipiert seine Social-Media-Aktivitäten so, dass sie zum Teilen mit anderen Mitgliedern oder zum Retweeten animieren.
> - Versandhändler belohnen Kunden, die Neukunden zu ihrer ersten Bestellung animieren (RyteWiki 2018).

Online findet Word-of-Mouth-Marketing folgende Ansatzpunkte:

- persönliche Beziehungen,
- Content mit Mehrwert, etwa in Formaten wie Whitepapern, E-Books oder Checklisten,
- kostenlose Informationen oder Geschenke,
- direkte Ansprache von Influencern,
- Einsatz von Insiderwissen als „Lockmittel" (RyteWiki 2018).

5.3 Wie Content viral wird

„Viralen" Content produzieren und damit Word of Mouth in Gang setzen – das ist die Ambition vieler Marketing-Spezialisten. Denn die Weiterverbreitung des Content durch andere User bringt den Vorteil, dass mit vergleichsweise geringem Aufwand ein hoher Mehrwert erzeugt wird. Stichworte sind eine hohe Reichweite in sozialen Netzwerken und im Idealfall ein „Überschwappen" von Themen in klassische Medien. Damit verbunden ist eine intensive Diskussion der eigenen Inhalte von verschiedensten „Öffentlichkeiten". Die Frage ist nur: Wie gelingt es, die Verbreitung von Inhalten zu fördern?

Eine Studie, die der Medienbeobachtungsdienstleister Cision erstellt hat, bringt die folgenden Ergebnisse zutage (Cision 2016):

1. **Viraler Content verbreitet sich nach einem ganz eigenen Muster:** Typischerweise wird Content anfangs stärker geteilt und verbreitet sich danach viel langsamer. Viraler Content verbreitet sich hingegen immer wieder, auch dann, wenn er von der ursprünglichen Quelle nicht erneut beworben wird.
2. **Viraler Content wird geteilt, sobald er konsumiert wird:** Wenn Content nicht sofort einen starken Eindruck beim Verbraucher hinterlässt, ist es sehr unwahrscheinlich, dass dieser einen zweiten Gedanken darauf verwendet oder den Inhalt weiterverbreitet. Cision bezieht sich im Artikel auf Art Zeidman, dem ehemaligen Chef von Unruly und Pixability.

3. **Viraler Content weckt Emotionen:** Nach Untersuchungen von Marketing-Professor Jonah werden positiv besetzte Inhalte mit einer wesentlich höheren Wahrscheinlichkeit weiterverbreitet als solche, die mit negativen Emotionen einhergehen. Content sollte die Zielgruppen folglich in einer positiven Weise emotional mitreißen. Auf Facebook hätten User im Schnitt drei bis fünf unterschiedliche Freundes- und Bekanntenkreise. Es würde abgewogen, wie geteilte Inhalte bei denjenigen ankommen, mit denen wir online verbunden sind. Berger bezeichnet dieses Phänomen als „self-enhancement" – Selbstaufwertung.
4. **Viraler Content wird positiver aufgenommen:** Cision rekurriert auf Forschung von Dr. Karen Nelson-Field, Ehrenberg-Bass Institute for Marketing Science an der University of South Australia. Diese deute darauf hin, dass User Inhalte lieber teilen, wenn sie bereits von anderen geteilt wurden (15 % höhere Wahrscheinlichkeit), als wenn sie den gleichen Content selbst entdecken.
5. **Ob Inhalte viral werden, hängt von Produkt und Medium ab:** Christian Schulze et al. (2014) zeigten in einer Studie, dass die Reaktionen auf virale Werbung abhängig vom beworbenen Produkt und dem Medium, auf dem sie konsumiert werden, unterschiedlich ausfallen können. Demnach hat sich gezeigt: Je weniger praktischen Nutzen ein Produkt hat, desto stärker ist die Wirkung von Content auf Social Media, wenn es um die Überzeugung von potenziellen Käufern geht.
6. **Viralität ist leistungsorientiert:** Laut Zeidman ist die Viralität von Content nicht unbedingt von großem Budget abhängig. So gäbe es viele Beispiele von viralem Content, dessen Produktion nicht besonders teuer war.

Während im B2C-Marketing selbst kleine Anbieter virales Marketing über Social Media erfolgreich umgesetzt haben, ist dies im Business-Segment auf den ersten Blick seltener der Fall. Dieser Blick aber täuscht. Zwar sind virale Kampagnen im B2B weniger aufsehenerregend. Sie adressieren keine so große Zielgruppe wie Edeka oder Nivea ist. Das heißt aber nicht, dass virale Effekte nicht von Bedeutung wären.

Tatsächlich sprechen sich Themen innerhalb einer kleinen Branche extrem schnell herum – das gilt sowohl für positive als auch für negative

Themen. Soziale Netzwerke unterstützen Sie dabei, solche Effekte in Ganz zu bringen. Sie erreichen vielleicht nicht die große Masse an Persona – das brauchen Sie aber auch gar nicht. Vielmehr wollen Sie ja gerade eine sehr spitze Zielgruppen erreichen.

5.4 Erfolgsfaktoren

Social-Media-Kampagnen brauchen ein emotionales Momentum. Qualitativ hochwertiger Content begünstigt dies deutlich – zeigen Sie, wie Sie Probleme der Nutzer lösen. Bieten Sie unterhaltende und bewegende Themen.

Darüber hinaus sollten Sie es Usern möglich machen, Ihre Inhalte zu teilen. Etwa, indem Sie Social-Media-Buttons für jeden Beitrag auf Ihrem Blog integrieren, mithilfe dessen die Zielgruppen Beiträge mit nur einem Klick teilen können.

Denken Sie daran, die Formate so attraktiv zu gestalten, dass Inhalte überhaupt gelesen werden. Dazu gehören interessante Teaser und Hingucker.

Unbedingt davon abzuraten ist von jeglicher Form des „Clickbaiting". Denn niemand klickt gerne reißerische Headlines, hinter denen sich am Ende keine werthaltige Information verbirgt. Jeder gut gemachte Aufmacher braucht auch entsprechende Unterfütterung durch gut recherchierte und aufbereitete Inhalte, etwa in Form wirklich sauber geschriebener Texte oder knackiger Videosequenzen.

> **Praxistipp**
>
> Die Frage, wie Content Marketing am besten funktioniert, ist abhängig von denen, die Inhalte konsumieren – und damit nicht zuletzt von der Kultur dieser Menschen. In den USA kann und muss der Ansatz ein anderer sein als in Asien oder wiederum in Mitteleuropa.
>
> Im deutschsprachigen Raum ist ein gewisses Understatement häufig die bessere Wahl als eine „We are the greatest"-Botschaft. Zeigen Sie, was Sie können, aber bleiben Sie dabei gerade im B2B bodenständig. Und untermauern Sie die Botschaften, die Sie kommunizieren, immer mit Fakten.

Ihr Transfer in die Praxis

- Legen Sie immer wieder Wert darauf, nur wirklich mehrwertigen Content zu distribuieren.
- Schauen Sie sich Content an, der in der Vergangenheit viral gegangen ist. Woran lag das Ihrer Meinung nach? Was haben diese Unternehmen richtig gemacht?
- Werden Sie sich bewusst darüber, dass Sie eine zündende, kreative Idee brauchen. Probieren Sie doch mal Kreativitätstechniken im Team aus.
- Behalten Sie im Hinterkopf, wer die Zielgruppen für Ihren Content sind. Viral heißt im B2B nicht unbedingt, eine möglichst große Reichweite zu schaffen. Vielmehr kommt es auf Zielgenauigkeit an. Hier kann weniger durchaus mehr sein.
- Überprüfen Sie an allen Stellen, ob Sie es Usern wirklich einfach machen, zum Beispiel in Form von Social Plug-Ins, Ihre Inhalte zu teilen.

Literatur

Cision. (2016). Viralen Content verstehen – 6 wissenschaftlich fundierte Erkenntnisse. http://www.cision.de/trends/viralen-content-verstehen-6-wissenschaftlich-fundierte-erkenntnisse/. Zugegriffen: 28. Juni 2018.

RyteWiki. Word of Mouth Marketing. https://de.ryte.com/wiki/Word_of_Mouth_Marketing. Zugegriffen: 28. Juni 2018.

Schulze, C., Schöler, L., & Skiera, B. (2014). Not all fun and games: Viral marketing for utilitarian products. *Journal of Marketing, 78*(1), 1–19.

6

Pressearbeit und Online-PR

> **Was Sie aus diesem Kapitel mitnehmen:**
>
> - was eine gute Pressearbeit Ihnen bringen kann;
> - Erfolgsfaktoren von Pressearbeit;
> - wie Sie klassische und digitale Kanäle verbinden und daraus den maximalen Mehrwert ziehen;
> - welche Tools und Software Sie unterstützen;
> - wie Sie PR und Content Marketing verbinden.

Pressearbeit ist auch und gerade im digitalen Zeitalter ein entscheidender Schlüssel zum Erfolg für Unternehmen. Denn eine starke Präsenz in Print- und Onlinemedien macht Sie am Markt bekannt und verschafft Ihnen eine hohe Reichweite. Und mit den richtigen Themen wecken Sie sowohl das Interesse von Journalisten als auch das neuer Kunden. Auf diese Weise demonstrieren Sie Ihre Kompetenzen im Zuge eines Opinion-Leadership-Ansatzes. Gleichzeitig zeigen Sie, wie sich Ihre Produkte und Leistungen vom Wettbewerb abheben.

Ein großer Vorteil beim Content Marketing: Sie können die Inhalte, die Sie geschaffen haben, für verschiedene Kanäle nutzen. Ob Pressearbeit, Blog, Social Media oder auch Vertriebspräsentationen – viele Aspekte können Sie crossmedial einsetzen. Sie müssen die Themen lediglich für den jeweiligen Kanal aufbereiten. Durch diese Form der Doppelt- und Mehrfachnutzung schaffen Sie zum einen ein hohes Maß an Effizienz. Zum anderen entsteht ein roter Faden, der Wiedererkennbarkeit schafft.

> **Praxistipp**
> Die meisten Inhalte, die Sie für die Pressearbeit entwickeln, funktionieren auch für andere Kanäle. Wenn Sie ein Thema entwickelt haben, das so gut ist, dass Sie einen Redakteur damit überzeugen konnten, dann dürfen Sie davon ausgehen, dass es relevant ist. Somit sind solche Themen in aller Regel auch für andere Kanäle einsetzbar – zum Beispiel für Ihr Blog.
> Wenn Sie auf PR setzen, ist es zu empfehlen, diese im Hinblick auf Ihre Themenauswahl priorisiert zu behandeln.
> Allerdings: Leser und Redakteure haben einen Anspruch nach Exklusivität. Sie müssen ein Thema daher für unterschiedliche Medien und Plattformen jeweils neu aufbereiten. Aus verschiedenen Gründen sollten Sie ein und denselben Text nicht doppelt verwenden. Wenn doch, müssen Sie es zumindest kenntlich machen. Indem Sie zum Beispiel auf Ihrem Blog auf die Erstveröffentlichung in einem Fachmagazin hinweisen.

6.1 Erfolgsfaktoren

Zunächst brauchen Sie den richtigen Content, mit dem Sie die Tür in Redaktionen bereits weit aufstoßen. Auch hier gilt: Relevanz steht an erster Stelle. Jedes Unternehmen hat Kompetenzen, Expertise und Input, der im Rahmen von Geschichten interessant für die Medien und den Leser ist. Der Content-Schatz muss im Hinblick auf die PR nur gehoben werden. Es geht darum, Themen zu finden und PR-relevante Storys daraus zu machen (vgl. Abschn. 3.7).

Ein verbreiteter Irrtum ist, dass Kontakte zu Journalisten der Erfolgsfaktor Nummer eins für erfolgreiche PR sind. Zwar ist persönlicher Kontakt mit Sicherheit sehr hilfreich und erleichtert die Veröffentlichung eigener Themen. Außerdem erhöhen sie die Chance, dass auch Ihre Pressemitteilungen übernommen werden, sofern der Redakteur, der sie erhält, Ihr Unternehmen kennt und Sie sein Vertrauen gewinnen konnten.

Noch wichtiger als Kontakte sind jedoch gute Ideen sowie interessante Themen und Inhalte. Diese stellen gewissermaßen die Grundlage dar, um überhaupt einen guten Draht zu den Medien zu schaffen.

6.2 Sieben Schritte, die Ihre Pressearbeit in digitalen und klassischen Medien erfolgreich machen

1. **Gute Ideen für die Medien entwickeln (online und klassisch)**
   - Welche Themen und Neuigkeiten haben Sie in Ihrem Unternehmen, über die Sie gerne reden möchten (z. B. neue Produkte und Leistungen, Personalmeldungen, ggf. Geschäftszahlen)?
   - Mit welchen Themen können Sie dem Journalisten einen Mehrwert bieten? Was interessiert seine Leser?
   - Machen Sie einen Redaktionsplan bzw. integrieren Sie den Redaktionsplan, den Sie bereits für Ihr Content Marketing aufgestellt haben, in Ihre PR-Aktivitäten.
2. **Bei der Medienauswahl crossmedial denken**
   - Welche Bedeutung haben Printmedien für Ihre potenziellen Kunden?
   - Welche Fachmedien, welche Wirtschaftsmedien sind relevant?
   - Spielen regionale Medien für Ihr Geschäft eine wichtige Rolle?
   - Bewerten Sie Onlinemedien im Hinblick auf Ihre Themen!
   - Verbinden Sie am besten beides – so positionieren Sie sich mit einzelnen Content Pieces sowohl in Print- als auch Onlinemedien. **Achtung:** Gute Fachartikel werden häufig zuerst im gedruckten Heft und später noch online veröffentlicht!
3. **Crossmediale Presseverteiler erstellen**
   - Presseverteiler stellen die Grundlage für erfolgreiche PR dar.
   - Meist sind unterschiedliche Redakteure für Print und Online zuständig. Prüfen Sie, wie Sie beide erreichen.
   - Oder Sie schneiden bestimmte Inhalte für ein Format zu und sprechen den jeweiligen Redakteur gezielt an.

4. **Webbasierte Plattformen zum Management von Pressekontakten nutzen**
   - Der Einsatz von PR-Software spart viel Zeit gegenüber manuellen Recherchen.
   - Sie haben laufend die aktuellen Kontaktdaten zur Verfügung und sehen, wer die Ansprechpartner sind.
   - Sie profitieren von einer wesentlich besseren Übersicht über Ihre Aktivitäten.
5. **Themen direkt platzieren und persönliche Kontakte aufbauen**
   - Ob es um die Platzierung von Fachartikeln oder um Rechercheunterstützung seitens Ihres Unternehmens geht: Sie sind nur dann erfolgreich, wenn Sie die Redaktionen telefonisch direkt kontaktieren.
   - Am besten rufen Sie an und stellen Ihre Themen vor.
6. **Mediadaten und Themenpläne scannen**
   - Die häufig in den Mediadaten enthaltenen Themenpläne geben Ihnen eine Übersicht, welche Inhalte für ein Magazin bzw. eine Expertenplattform interessant sind.
   - Fachmedien haben in der Regel in jeder Printausgabe bestimmte Schwerpunkte auf dem Programm.
   - Sind hier Anknüpfungspunkte für Ihre Themen gegeben? Dann ist das ein guter Aufhänger, um dem Redakteur Input anzubieten.
   - Häufig können gute Themen auch unabhängig vom jeweiligen Schwerpunkt behandelt werden und können in einer anderen Ausgabe erscheinen.
   - Wenn Sie den Schwerpunkt im Gespräch jedoch erwähnen, zeigen Sie dem Redakteur, dass Sie sich ausgiebig mit dem Magazin und den Themen beschäftigt haben.
   - Damit veranschaulichen Sie, dass Sie keine PR nach dem Gießkannenprinzip machen, sondern dass Sie sich gut vorbereiten.
7. **Social Media Kanäle in die PR einbinden**
   - Social Media können Ihre Pressearbeit unterstützen und ergänzen.
   - So stellen Inhalte, die Sie über PR-Kanäle veröffentlicht haben, in aller Regel lesenswerte Referenzen dar, die auch für Ihre Social-Media-Follower interessant sind.
   - Viele Journalisten nutzen Twitter. Daher ist dieser Kanal gut geeignet, um direkt mit Redaktionen in Kontakt zu treten bzw. diese über Ihre Themen informiert zu halten.

8. **Exklusivität**
   - Medien konkurrieren untereinander – insbesondere, wenn sie dieselbe Nische bedienen. Gerade bei Fachmedien ist das der Fall. Wenn Sie einem Medium ein Thema anbieten, müssen Sie dies daher exklusiv tun.
   - Zwei unterschiedliche Medien werden nicht ein und denselben Artikel veröffentlichen.
   - Wenn Sie im Zusammenhang mit dem fraglichen Thema – und am besten mit genügend zeitlichem Abstand – auch auf andere Medien zugehen, sollten Sie einen Artikel anders zuschneiden. Das gilt ebenso für Anwenderberichte.
   - Wer von dieser „goldenen Regel" abweicht, riskiert seinen Ruf bei Journalisten und läuft Gefahr, künftig nicht mehr berücksichtigt zu werden.
9. **Priorisierung**
   - Damit Sie genau die Medien erreichen, die Ihnen am wichtigsten sind, sollten Sie vor Projektstart eine Priorisierung vornehmen.
   - Starten Sie mit den Medien, die Sie am relevantesten einschätzen im Hinblick auf Ihre Businessziele.
   - Danach können weitere Medien folgen – aber Sie müssen das Thema jeweils so zuschneiden, dass Exklusivität gewährleistet ist.

6.3 Tools und Software

Verschiedene Anbieter von PR-Software ermöglichen Ihnen Zugriff auf Mediendatenbanken und erleichtern damit die automatisierte Erstellung von Verteilern immens. In vielen Fällen ist es im Grunde kaum anders möglich, einen sinnvollen Verteiler zu erstellen – etwa wenn Sie Redakteure bei Tageszeitungen und General-Interest-Medien adressieren wollen. Der Kreis der Journalisten ist so groß, dass Sie vermutlich wochenlang beschäftigt wären.

Software-as-a-Service(SaaS)-Plattformen sparen aber nicht nur immens Zeit gegenüber manuellen Recherchen. Sie ermöglichen es Ihnen auch, Ihre Pressekontakte online zu managen. Damit erübrigen sich Excel-Listen.

Mediendatenbanken werden beispielsweise von Unternehmen wie Cision, Zimpel oder Convento angeboten. Welche Software die richtige ist, hängt immer von den jeweiligen Voraussetzungen und den Ansprüchen ab.

> **Praxistipp**
>
> Sofern Sie intern keinen PR-Manager im Unternehmen haben, setzen Sie am besten auf einen freien PR-Berater oder eine PR-Agentur, die schon erste Berührungspunkte mit Ihren Themenfeld hatte. Prüfen Sie, ob Ihr Berater wirklich „die Sprache von Journalisten" spricht und weiß, was sie überzeugt. Denn das ist die Basis, um Ihr Unternehmen mit seinen Kernkompetenzen zu (re-)präsentieren und Sie erfolgreich in der Presse zu positionieren.
> Mindestens genauso wichtig ist ein überzeugender Schreibstil, der in Fach- wie in Wirtschaftsmedien gut ankommt. Ob es um Pressemitteilungen oder Autorenbeiträge geht – suchen Sie sich einen Dienstleister, der journalistische Texte auf dem Niveau von Leitmedien verfasst!

6.4 Verbindung von PR und Content Marketing ist sinnvoll

Content Marketing hat sich in den letzten Jahren zu einem äußerst bedeutenden Marketingtrend entwickelt. Laut einer Studie der Marktforschung smart insights beispielsweise wurde das Thema von den meisten Befragten im Jahr 2018 an erste Stelle gesetzt (20 %) – weit vor Big Data und Künstlicher Intelligenz, die mit jeweils rund 14 % auf den Rängen zwei und drei folgen (Mangles 2018).

Manche Marketingfachleute haben im Zuge dessen bereits den Abgesang auf die PR eingestimmt. Wenn Inhalte und Themen heute ohne Umwege auf eigenen Kanälen wie etwa Blogs oder Social Media platziert werden können – gibt es da noch Gründe, warum die Zusammenarbeit mit Redaktionen notwendig ist?

Gleichzeitig ist jedoch ein anderer Trend erkennbar: Das Vertrauen in die klassischen Medien im Hinblick auf die Meinungsbildung ist erheblich gestiegen (Uni Mainz 2018).

Ähnliche Ergebnisse illustriert Deloitte: Trotz der Digitalisierung behalten auch die traditionellen Medien ihre Existenzberechtigung, so das Beratungsunternehmen. Einer Studie zufolge entwickelt sich die Situation im Markt mehr in Richtung einer friedlichen Koexistenz statt einer Ausrottung von Print, TV, Radio und Co. durch digitale Angebote (Horizont online 2016).

Pressearbeit ist aus mehreren Gründen ein wichtiger Teil einer digitalen Kommunikationsstrategie:
- **Reichweite:** Ein hoher Anteil an Führungskräften informiert sich durch Fachmagazine und Wirtschaftsmedien, das hat die renommierte ‚LAE – Leseranalyse Entscheidungsträger e. V.' in den vergangenen Jahren immer wieder gezeigt. Rund 80 % der Entscheider sind durch Investitionsimpulse aus Fachmedien (print + digital) aktiv geworden (TBN Public Relations 2017).
- **Glaubwürdigkeit und Vertrauen:** Ein Artikel wird vom Redakteur nur veröffentlicht, wenn er interessanten Content und echten Mehrwert bietet. Dazu gehört, dass er sauber recherchiert und gut geschrieben ist sowie interessante Neuigkeiten transportiert. Das wissen Leser zu schätzen – nicht umsonst gelten Medienberichte als fundiert, objektiv und glaubwürdig.
- **Suchmaschinenoptimierung:** Online-PR und SEO greifen ineinander. Dafür gibt es mehrere Gründe: Zum einen werden Backlinks von Newsseiten und Presseportalen generiert. Zum anderen haben etablierte Medien meist ein hervorragendes Google-Ranking. Wenn Unternehmen einen Artikel mit relevanten Keywords platzieren, erscheint dieser Beitrag bei der Suche häufig ganz vorne.
- **Multimedialität:** Texte werden ergänzt durch Bilder, Infografiken, Audio oder Videos. Das schafft einen Mehrwert für Medien, die Content variantenreich darstellen können – und für Leser, denen Inhalte anschaulich präsentiert werden. So werden Produkte attraktiv inszeniert und fachliche Informationen ansprechend und interessant transportiert.
- **Geringe Kosten und starke Wirkung:** Teure Anzeigenkampagnen braucht es in vielen Fällen nicht mehr, Paid Content steht nicht mehr im Zentrum der Aktivität. Mit PR und Content Marketing können Unternehmen bereits mit überschaubaren Budgets durchschlagende Erfolge erzielen.

Die verschiedenen Instrumente der Pressearbeit finden Sie in Abb. 6.1.

Ihr Transfer in die Praxis

- Entwickeln Sie überzeugende Ideen und Geschichten, die Sie der Presse anbieten können.
- Wenn die Presse anbeißt, dann ist Ihr Thema in der Regel relevant.
- Investieren Sie ein Budget in Adressdatenbanken, sie sind es wert. Oder setzen Sie auf Dienstleister (PR-Agentur oder PR-Berater), die über einen Zugang zu einer Datenbank verfügen.
- Versuchen Sie, persönliche Kontakte zu Ihren Schlüsseljournalisten aufzubauen, das zahlt sich aus.

Instrumente der Pressearbeit

	Persönlicher Kontakt	Content

1:1-Kontakte	▪ Telefonat
	   • Platzierung von Artikeln
	   • Rechercheunterstützung
	▪ Redaktionsbesuche
	   • Kontaktpflege
	   • Austausch zu aktuellen Themen
	▪ Persönliches Briefing (z.B. bei Ihnen im Hause / auf einer Messe)
	   • Kontaktpflege
	   • Austausch zu aktuellen Themen
	▪ Hintergrundgespräch / „Kamingespräch"
	   • Austausch zu einem aktuellen Thema
	   • Exklusiv mit einem Medium oder mit mehreren
		▪ Fachartikel / Autorenbeitrag
		▪ Interview
		▪ Anwenderbericht
		▪ Whitepaper / E-Book
		▪ Thesenpapier
		▪ Advertorial („PR-Anzeige")
		▪ Video

Veranstaltungen / Gespräche mit mehreren Journalisten	▪ Pressekonferenz
	   • Aktuelle und weithin relevante Entwicklungen
	   • Brisante Themen
	▪ Hintergrundgespräch / „Kamingespräch"
	   • Austausch zu einem aktuellen Thema
	   • Exklusiv mit einem Medium oder mit mehreren
	▪ Presse-Seminar / -Webinar
		▪ Pressemitteilung
		   • Corporate News
		   • Kommentar, Meinung
		   • Statement, Analyse
		   • Fachliche Meldung (z.B. eigene Studienergebnisse)
		▪ FAQ / Factsheet
		▪ Infografiken (v.a. in Verbindung mit Pressemitteilungen)

Abb. 6.1 Instrumente der Pressearbeit. (Quelle: schmitt kommuniziert.)

Literatur

Horizont online. (2016). Klassische Medien sind nach wie vor gefragt. 13. Apr. https://www.horizont.net/medien/nachrichten/Deloitte-Studie-Klassische-Medien-sind-nach-wie-vor-gefragt-139749. Zugegriffen: 29. Juni 2018.

Mangles, C. (2018). The state of content marketing. 31. Mai. https://www.smartinsights.com/content-management/content-marketing-strategy/the-state-of-content-marketing-2018/. Zugegriffen: 29. Juni 2018.

TBN Public Relations. (2017). Content Marketing Studie. https://www.tbnpr.de/content-marketing/content-marketing-studie-2017. Zugegriffen: 11. Juli 2018.

Uni Mainz. (2018). Medienvertrauen in Deutschland 2017. Erste Befunde der Langzeitstudie. 15. Febr. http://www.uni-mainz.de/presse/aktuell/Dateien/02_publizistik_medienvertrauen__2017_grafiken.pdf. Zugegriffen: 29. Juni 2018.

7

Influencer Marketing

> **Was Sie aus diesem Kapitel mitnehmen:**
>
> - dass sorgfältig ausgewählte Influencer durchaus Ihre Glaubwürdigkeit erhöhen können;
> - dass Mitarbeiter insbesondere im B2B sehr gute Influencer sein können;
> - wie Sie sich bei Influencern beliebt machen können.

7.1 Mitarbeiter als Influencer

Markenbotschafter sind für Unternehmen seit jeher von hoher Bedeutung. Aktuell konzentrieren sich immer mehr Firmen auf Social-Media-Influencer, die auf Instagram oder YouTube eine hohe Zahl an Fans und Followern haben. Mehrere Millionen Menschen mit einem einzigen Post zu erreichen, wie in bestimmten Lifestyle-Bereichen durchaus gang und gäbe, ist eine verlockende Option. Es ist aber in der Regel mit hohen monetären oder anderweitig materiellen Gegenleistungen verbunden. Die Verbreitung über Social-Media-Testimonials hat allerdings ihren Preis: So lagen die durchschnittlichen

Kosten für einen einizigen Instagram-Post im Bereich Modeling im Jahr 2017 dem Magazin Adweek zufolge bei 434 US$ (Adweek online 2017). Auch Honorare im mittleren vierstelligen Bereich sind nicht unüblich.

Ob Marketingverantwortliche auf diesem Wege ihre Zielgruppen wirklich erreichen, ist eine andere Frage. Gerade im B2B oder in Branchen mit komplexen Produkten und Dienstleistungen dürfte es deutlich effizienter sein, Experten aus dem Unternehmen zu Markenbotschaftern zu machen. Das dauert zwar länger, ist aber gar nicht so schwierig – und wirkt nach außen extrem glaubwürdig.

Es gibt mehrere Gründe dafür, dass Mitarbeiter im digitalen Umfeld gute Influencer sind:
- Spezialisierte Mitarbeiter sind Experten auf ihrem Gebiet, sie kennen die Produkte und die Branche.
- Mit einer Social-Media-Präsenz geben sie der Firma ein Gesicht nach außen und können ihr Wissen präsentieren.
- Wenn (potenzielle neue) Kunden bereits persönlich mit einem Mitarbeiter oder einer Führungskraft in Kontakt waren oder einen Vortrag gehört haben, ist der Effekt umso stärker.
- Eine weitere positive Wirkung: Mitarbeiter, die nach außen auftreten, identifizieren sich in der Regel mit ihrem Arbeitgeber und sind dort gerne tätig. Das stärkt die Arbeitgebermarke und das Employer Branding.

Fünf Schritte, mit denen Unternehmen ein eigenes Influencer Marketing aufbauen:
1. **Identifikation von Markenbotschaftern:** Starten Sie einen unternehmensweiten Aufruf und machen Sie Mitarbeiter im Rahmen einer Auftaktveranstaltung mit dem Thema vertraut.
    Informieren Sie über das Intranet über die Möglichkeiten. Alternativ können Sie auch im ersten Schritt bestimmte Persona persönlich ansprechen.
2. **Coachings und Workshops:** Organisieren Sie Meetings, wo Sie potenzielle neue Botschafter einladen und das Thema für bereits gewonnene Influencer vertiefen. Nehmen Sie Ideen vonseiten

Ihrer Markenbotschafter auf und diskutieren Sie diese mit den Mitarbeitern.
3. **Interne Content-Plattform:** Stellen Sie selbst entdeckte oder von anderen Abteilungen zugelieferte Inhalte auf einer internen Plattform zur Verfügung. So bündeln Sie Wissen und sparen Zeit für Recherchen. Sie können sowohl eigene Beiträge Ihres Unternehmens (Pressemitteilungen, Blogartikel) als auch relevante externe Inhalte im Zuge eines Knowledge-Sharing-Ansatzes anbieten. Wichtig ist dabei, dass Mitarbeiter die Posts nicht standardisiert übernehmen. Der einzelne sollte seine Ideen und Meinungen kommunizieren und eigene Persönlichkeit zeigen.
4. **Beratung bei der Kanalauswahl:** Blogs, YouTube, Twitter, Facebook, Instagram, Pinterest, XING oder LinkedIn – grundsätzlich können verschiedene Kanäle geeignet sein. Welche die richtigen sind, hängt vom Hintergrund und Vorwissen des jeweiligen Markenbotschafters sowie von den Themen und Inhalten des Unternehmens ab.
Als B2B-relevante Plattformen sind in vielen Fällen XING und LinkedIn empfehlenswert.
5. **Guidelines:** Geben Sie Ihren Mitarbeitern Richtlinien und Empfehlungen an die Hand, an denen sie sich orientieren können. Ein Q&A beispielsweise erleichtert das Vorgehen, beantwortet viele Fragen und hilft, Fehler zu vermeiden.

7.2 Blogger und Influencer Relations

Der Vorteil im Hinblick auf eine Zusammenarbeit mit Bloggern und Influencern im B2B: In der Regel haben sie einen extrem klaren Branchenfokus und bedienen somit eine genau zugeschnittene Zielgruppe. Insofern kann es sich lohnen, den Kontakt aufzunehmen und zu prüfen, in welchem Rahmen eine Zusammenarbeit möglich ist:

- Funktioniert diese auf einer redaktionellen Basis (analog PR)?
- Oder sind monetäre oder anderweitig materielle Gegenleistungen erforderlich?

Im letztgenannten Fall müssen Sie entscheiden, ob Ihnen die Berichterstattung eine entsprechende Investition wert ist.

Blogger Relations vorzugsweise über soziale Medien
In jedem Fall funktioniert die Kommunikation mit Bloggern meist anders ist als mit Journalisten. Blogger werden favorisiert über soziale Medien oder auf entsprechenden Netzwerktreffen kontaktiert. Noch stärker als bei klassischen Medien ist es wichtig, auf ihre individuellen Interessen einzugehen. Der Effekt für die SEO ist allerdings der gleiche wie in der PR: Beiträge mit den richtigen Keywords werden gefunden und Sie erhalten wertvolle Backlinks.

Im ersten Schritt gilt es, im Rahmen eines Audit einen Überblick über relevante Influencer zu gewinnen. Führen Sie entsprechende Recherchen durch. Verschaffen Sie sich einen genauen Überblick, welche Multiplikatoren in Ihrer Branche relevant sind und wie die Meinungsführer „ticken":

- Wer schreibt zum fraglichen Thema?
- Wie viele Follower haben diese Multiplikatoren?
- Wie ist die Interaktion der Nutzer mit diesen Multiplikatoren?
- Wer spricht regelmäßig als Speaker auf Veranstaltungen?
- Sind diese Speaker auch als Journalisten oder als Influencer online präsent?

Die Struktur des Social Web wesentlich weniger klar strukturiert ist als bei den etablierten Medien. Insofern ist die Recherche nach den richtigen Personen nicht auf eine Dimension beschränkt. Google bietet häufig bereits gute Ansatzpunkte. Darüber hinaus können Sie bei der Recherche – und teilweise auch zum Kontaktmanagement – auf Tools wie etwa Buzzsumo, Followerwonk oder Traackr zurückgreifen.

Folgen Sie Multiplikatoren, verfassen Sie Kommentare, zum Beispiel direkt auf dem Blog der Influencer, mit denen Sie Kontakt aufnehmen möchten. Schaffen Sie damit auf unaufdringliche Weise Aufmerksamkeit.

Noch einen Schritt weiter gehen Sie, indem Sie Inhalte der für Sie wichtigen Influencer auf Ihren Social-Media-Accounts teilen – das sogenannte „Kuratieren". Sie erreichen damit zweierlei:

1. Sie teilen wertvolle Inhalte offensichtlich in Ihrer Branche relevanter Experten mit Ihren Followern.
2. Sie wecken im Idealfall das Interesse des Experten, auf den Sie rekurrieren.

Wenn die Multiplikatoren wiederum auf Sie zurückkommen durch Likes, Erwähnungen oder indem Sie wiederum die von Ihnen geposteten Beiträge teilen, sind Sie bereits mitten im Dialog. So geht „soziales Netzwerken".

Nun steigen die Chancen, dass der fragliche Influencer auch Ihre Beiträge teilen wird, sofern diese die entsprechende Qualität aufweisen.

7.3 Umgang mit Influencern

Allein über elektronische Medien wird eine genügend hohe Durchschlagskraft nur schwer zu erreichen sein. Dafür spielt der „Faktor Mensch" eine zu große Rolle. Netzwerken heißt hier, nach Möglichkeit auch persönliche Kontakte knüpfen.

Entscheidend ist es, sowohl über Social Media als auch in der direkten Interaktion eine positive und soziale Rolle einzunehmen. Geben ist hier zunächst seliger als nehmen – und wer egoistisch oder fordernd wirkt, kommt überhaupt nicht gut an.

Um kostenlose Reichweite durch Shares, Empfehlungen und positive Bewertungen zu erhalten, müssen Sie Kontakte langfristig pflegen.

Erfolg ist hier mit einem klaren, authentischen und sozialen Auftreten verbunden – in einem Rahmen, in dem die Fans und Follower respektiert und ernst genommen werden.

Ganz besonders gilt das für Influencer: Wer in der Szene etwas zu sagen hat, ist sich der damit verbundenen Macht durchaus bewusst.

Wollen Sie hier gute Kontakte aufbauen, ist eine gewisse Zurückhaltung zu empfehlen. Bieten Sie Inhalte an, aber pflegen Sie ein gewisses Understatement.

Ihr Transfer in die Praxis

- Haben Sie für Ihr Unternehmen – und sei es auch noch so spezialisiert – Influencer identifiziert?
- Durchforsten Sie das Internet. Auch Micro-Influencer mit einer kleinen, aber dafür passgenauen Zielgruppe sind effizient.
- Überprüfen Sie ganz kritisch Ihre Kommunikation mit den Influencern – empfehlenswert ist unbedingt eine gewisse Zurückhaltung.

Literatur

Adweek online. (2017). Sponsored Instagram Posts Average $300 Each. 15. Febr. 2017. https://www.adweek.com/digital/what-is-the-real-cost-of-instagram-influence-infographics/. Zugegriffen: 28. Juni 2018.

8
Blog/Onlinemagazin und Onlinereputation

> **Was Sie aus diesem Kapitel mitnehmen:**
>
> - welche Inhalte sich für ein Blog eignen;
> - wie Sie dafür Werbung machen und wie Sie Ihr Blog erfolgreich machen;
> - welche Tools Ihnen helfen können.

Ein eigenes Blog (alternativ können Sie es auch mit dem moderneren Begriff „Onlinemagazin" deklarieren) kann als zentrales Steuerungsinstrument für Ihre Kommunikation fungieren – gewissermaßen als Content Hub.

Es unterstützt Sie effektiv im Hinblick auf die Reputation und als eine Grundlage für die Gewinnung neuer Kunden.

Sofern es durchdacht aufgesetzt, kontinuierlich gepflegt und vor allem mit den richtigen Themen bespielt wird, resultieren aus dem eigenen Unternehmensblog mehrere Vorteile:

- **Online Reputation Management:** Sie sprechen Ihre Zielgruppe mit den relevanten Themen an und positionieren damit das Unternehmen. Dazu kann auch gehören, kritische Aspekte aufzugreifen und den eigenen Standpunkt darzulegen. So kommen Sie etwa Kunden zuvor, die Kritik in Bewertungsportalen äußern.

- **Suchmaschinenoptimierung (SEO):** Blogs werden von Google exzellent gelistet. Wenn Sie die richtigen Schlüsselworte verwenden, holen Sie Ihre Zielgruppen direkt im Netz ab.
- **Blick über die Schulter:** Sie geben dem Unternehmen ein Gesicht, indem Sie gezielt Einblicke ermöglichen und so zum Beispiel die Kundenfreundlichkeit unterstreichen. Im Zuge des Employer Branding können Sie potenzielle neue Mitarbeiter von attraktiven Jobs und vom Arbeitsklima überzeugen.
- **Unabhängigkeit:** Das Blog „gehört" Ihnen. Folglich können Sie Themen lancieren, ohne vorher etablierte Medien oder freie Journalisten überzeugen zu müssen.

Einfach mal schnell ein Blog ins Leben zu rufen, wäre allerdings etwas überstürzt. Am Anfang sollte ein fundiertes Konzept stehen, das die wichtigsten Fragen beantwortet.

8.1 Welche Inhalte sind geeignet?

Besetzen Sie Nischen und schreiben Sie über Dinge, über die sonst keiner oder kaum einer schreibt. Kitzeln Sie das gewisse Etwas aus bereits bekannten Themen heraus und äußern Sie Ihre eigene Meinung.

- Aufhänger für Beiträge können zum Beispiel aktuelle Trends oder Entwicklungen im Marktumfeld sein. So stellen Sie Ihr Expertenwissen unter Beweis.
- Wenn Sie etwa über Events oder Forschungsprojekte schreiben, ermöglichen Sie damit interessante Einblicke in das, was in Ihrem Hause passiert.
- Wenn Sie Produkte vorstellen, sollten Sie das möglichst immer im Rahmen einer Story tun (Storytelling). So sorgen Sie für Spannung (s. auch Abschn. 3.7).

Gestalten Sie das Blog, wenn möglich, multimedial mit Videoclips. So wird es erst richtig lebendig. Oft genügen schon Stimmungsbilder oder Statements, die Sie mit dem Camcorder filmen.

8 Blog/Onlinemgazin und Onlinereputation

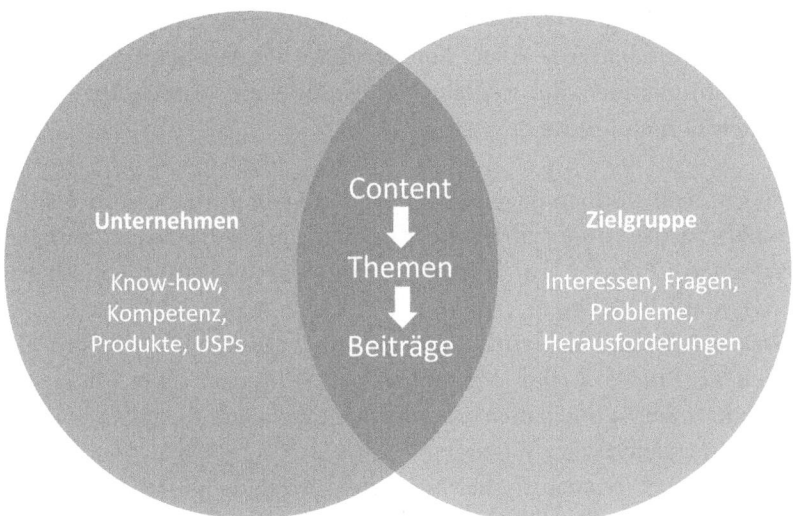

Abb. 8.1 Blog-Content. (Quelle: schmitt kommuniziert.)

> **Praxistipp**
> Bestimmen Sie einen verantwortlichen Kommunikationsprofi, der Themenpläne entwickelt, Themenvorschläge aufnimmt, sich mit Autoren abstimmt und die Schlussredaktion übernimmt. Erstellen Sie einen Redaktionsplan für einige Monate im Voraus und updaten Sie diesen regelmäßig (Abb. 8.1).

8.2 Autoren, Frequenz, Schreibstil

Grundsätzlich sind verschiedene Blogformate möglich. Welches Sie auswählen, hängt entscheidend davon ab, wie Ihr Unternehmen aufgestellt ist und was Sie erreichen wollen. Die gängigsten Formate:

- Expertenblog: Ein oder mehrere Experten aus Ihrem Unternehmen bloggen.
- Ebenso kann es eine sinnvolle Variante sein, dass ausschließlich Vorstände, Geschäftsführer oder Führungskräfte bloggen. Damit wird speziell deren Renommee gestärkt und Nähe geschaffen.

- Mitarbeiterblog: Wenn Mitarbeiter bloggen, werden sie zu Markenbotschaftern. Dies unterstreicht die Authentizität in der Kommunikation und verdeutlicht Kompetenz durch das gesamte Unternehmen hindurch.

In jedem Fall können Gastautoren einbezogen werden, zum Beispiel Geschäftspartner oder zufriedene Kunden. Lassen Sie, wenn möglich, verschiedene Autoren zu Wort kommen! Das wirkt authentisch und motiviert alle Beteiligten.

Was die Frequenz betrifft, gibt es keine absoluten Kriterien, aber Leitlinien: Ein Post pro Monat ist das Minimum, um die nötige Aufmerksamkeit zu schaffen und im Hinblick auf die SEO spürbare Effekte zu erzielen.

Ein sauberer journalistischer Schreibstil ist elementar. Beiträge müssen dabei nicht immer im Nachrichtenstil verfasst sein. Gute Formate können sein:

- Nachrichtenstil, wenn Sie beispielsweise von einer Veranstaltung berichten.
- Fachartikel, die ein Thema umfassend aufbereiten und über Hintergründe informieren.
- Features oder auch Glossen, die unterhalten und Abwechslung bringen.

Praxistipp

Wenn Sie ein Mitarbeiterblog aufbauen: Überarbeiten Sie Beiträge von Mitarbeitern nur, wo es unbedingt nötig ist. Sie können den Text etwas glätten und etwaige Schreibfehler korrigieren, aber lassen Sie auch eine weniger professionelle Schreibe und Emotionen zu, damit Sie Autoren nicht den Wind aus den Segeln nehmen. Ihre Leser werden das Herzblut zu schätzen wissen, das darin steckt.

Wenn Führungskräfte, Mitarbeiter oder Gäste bloggen, sollten diese vorher die entsprechenden Hinweise erhalten. Im Anschluss sollte nur noch möglichst wenig redigiert werden.

8.3 Wie wird das Blog bekannt?

Je länger ein Blog etabliert ist, desto leichter wird es mit den entsprechenden Keywords im Internet gefunden. Allerdings können Sie darüber hinaus eine Menge tun, um Ihre Plattform von Anfang an in den Mittelpunkt des Interesses zu stellen:

- suchmaschinenoptimierte Beiträge sowie Verschlagwortung jedes Beitrags (v.a. „Title" und „Meta Description"),
- Hinweise in Mailings oder Newslettern,
- Posts auf eigenen Social-Media-Kanälen,
- Verlinkung in XING-Gruppen oder auf LinkedIn,
- Einbettung in Vertriebspräsentationen,
- gut sichtbarer Button auf der Website bzw. Einbettung in die Website.

Praxistipp
Machen Sie das Blog auf gängigen Kanälen bekannt, doch bringen Sie auch Geduld mit, denn meist dauert es eine Weile, bis Suchmaschinen das Blog an prominenter Stelle ranken. Erstellen Sie außerdem RSS-Feeds, damit Beiträge abonniert werden können.

8.4 Reaktion auf Kommentare

Sowohl Blogger als auch Leser profitieren von Kommentaren zu Blogbeiträgen seitens der User. Folgende Vorteile dürfen Sie sich davon versprechen:

- Feedback: Kommentare illustrieren die Relevanz von Beiträgen und geben Ihnen ein wertvolles Feedback auf die Frage, wie Ihr Thema und dessen Aufbereitung ankommen.
- Erkenntnisse über die Leser: Sie erfahren mehr darüber, wer Ihre Leser sind und aus welchen Bereichen sie kommen. Ebenso gewinnen Sie Erkenntnisse darüber, was sie besonders interessiert.

- Neue Besucher: Wenn Sie Sichtweisen der Leser einzuschätzen wissen, können Sie den Content weiter optimieren und auf dieser Basis neue Leser gewinnen. Häufig sind es gerade die Kommentare selbst, die Interesse wecken und zum „Mitmachen" animieren. Ein so entstehender Kreislauf aus Fragen und Antworten führt zu einer besseren Verbreitung des Blogs und zu einer höheren Bekanntheit.

Auch wenn im B2B in der Regel seltener kommentiert wird als zum Beispiel in einigen Consumer-Sparten und wenn zudem kritische Kommentare seltener sind, sollten Sie einkalkulieren, dass solche kommen können. Sie brauchen eine Strategie, wie Sie darauf reagieren.

Kommentare (Varianten)
- **Sachliche Kommentare:** Hierzu sollten Sie sachlich und möglichst zeitnah antworten – egal, ob es sich um einen bestätigenden oder um einen kritischen Kommentar handelt. Moderieren Sie eine Diskussion und ermöglichen Sie es, dass auch andere User Ihre Meinung äußern.
- **Unsachliche oder beleidigende Kommentare:** Im B2B wird es selten vorkommen, dass Ihr Blog als eine Plattform für unwürdige Diskussionen missbraucht wird. Wenn doch, sollten Sie entsprechende Kommentare schnellstmöglich löschen.
- **Werbung und Verlinkungen:** Es kann vorkommen, dass jemand Ihre Plattform nutzen möchte, um Eigenwerbung zu machen und Backlinks auf die eigene Website einzufügen. Dies wird vermutlich nicht im Sinne von Ihnen und Ihrer anderen Leser sein. Solche Kommentare sollten folglich gelöscht werden.

Manuelle Freischaltung von Kommentaren
Sie können das Content-Management-System auch so einstellen, dass Kommentare erst nach manueller Freischaltung online gehen. So können Sie verhindern, dass unsachliche Kritik oder Fremdwerbung überhaupt online geht.

Nachteil: Sie unterbinden eine Live-Diskussion und nehmen in gewisser Weise Dynamik aus dem Blog. Wer etwas kommentiert, will nicht Stunden oder sogar Tage warten, bis er seinen Kommentar online sehen kann. Wenn Sie allerdings wenig Ressourcen für die Moderation und für das Monitoring des Blogs haben, ist es völlig legitim, das so zu handhaben.

Wenn Sie sich hingegen für den offenen Dialog entscheiden, müssen Sie auf Kommentare möglichst schnell reagieren.

> **Praxistipp**
> Ob Kommentare auf Ihrem Blog direkt online sichtbar oder ob Sie manuell freizuschalten sind: In jedem Fall empfiehlt es sich, von Anfang an klarzustellen, was auf dem Blog passieren darf und was nicht.
> Erstellen Sie vor dem Go-Live des Blogs eine Netiquette bzw. Guidelines. Diese bezeichnen Verhaltensregeln, die bei der Kommunikation gelten und ein gutes oder achtendes Benehmen regeln. Die Netiquette sollte gut sichtbar verlinkt werden und stellt sicher, dass bestimmte Grundlagen wie Sachlichkeit, ein angemessener Umgangston und das Verbot von Fremdwerbung von allen Usern eingehalten werden müssen.
> Ein Blog muss, wie andere Social-Media-Plattformen auch, kontinuierlich gepflegt werden. Sie sind der Herr Ihres Blogs, moderieren Sie daher aktiv und antworten Sie immer auf Kommentare. Bedanken Sie sich für guten Input, entgegnen Sie sachlich auf Kritik. Und löschen Sie nur, wenn gegen die Netiquette verstoßen wird.

8.5 Blogsoftware

Es gibt mehrere Plattformen, auf Grundlage derer Sie Ihr Blog implementieren können. Das gängigste Content-Management-System (CMS) ist Wordpress, das sich über viele Jahre etabliert hat, da es zügig einzurichten ist, sich individuell konfigurieren lässt und eine gute Bedienung gewährleistet. Folgende Aspekte spielen eine Rolle bei der Entscheidung:

- **Bedienbarkeit:** Eine nutzerfreundliche und intuitive Bedienung erleichtert vieles. Hier ist vorab zu prüfen, was dem persönlichen Geschmack entspricht. Ein Test verschiedener Systeme kann durchaus sinnvoll sein, etwa im Zusammenhang mit Demo-Versionen.

- **Optische Anpassungsmöglichkeiten:** Blog-CMS arbeiten in der Regel mit sogenannten Templates/Themes. Diese Vorlagen sind praktisch, denn sie ersparen Bloggern, selber ein Layout erstellen beziehungsweise eines in Auftrag geben zu müssen.
- **Auswahl an Templates/Themes:** Wie viele Templates– kostenlos oder auch in kostenpflichtigen Premiumversionen – stehen für das jeweilige CMS zur Verfügung? Wichtig ist auch, dass diese Vorlagen für die mobile Nutzung optimiert sind.
- **Plugins und Erweiterungen:** Welche Erweiterungen stehen zur Verfügung? Gibt es Plugins, etwa für die SEO oder für die grafische Gestaltung?
- **Kommentarfunktionen:** Gibt es integrierte Möglichkeiten, damit Nutzer kommentieren oder fragen können? Wie funktionieren die Systeme? Ist ein Löschen von Kommentaren mit unerwünschten Inhalten möglich?
- **Verbreitung der Inhalte:** Ermöglicht das CMS ein automatisches oder zumindest unkompliziertes Teilen der Beiträge in sozialen Netzwerken? Unterstützt das CMS Euch bei der Suchmaschinenoptimierung?
- **Sicherheit:** Ist das CMS Ziel von Hacker-Angriffen? Gibt es regelmäßige Updates, um Schwachstellen zu beheben?
- **Unabhängigkeit:** Ist das System fest an einen bestimmten Anbieter gebunden oder können Sie frei entscheiden, welchen Webhoster Sie nutzen?
- **Kosten:** Ist die gesamte Software kostenlos oder nur eine einfache Basisvariante? Entstehen Zusatzkosten für Plugins etc.?

> **Praxistipp**
>
> Entscheiden Sie sich für ein möglichst einfaches System und verlieren Sie nicht zu viel Zeit bei der Auswahl. Investieren Sie diese lieber in den Inhalt.
> Wordpress war eine der originären Lösungen für das Bloggen und hat es Usern ermöglicht, Inhalte zu publizieren.
> Auch heute läuft der weit überwiegende Anteil von Blogs auf Wordpress und die Nutzererfahrung damit ist überwiegend positiv.
> Nicht nur Blogs, sondern auch immer mehr Websites basieren auf Wordpress. Komplett neue Internetauftritte sind mit dem CMS zügig implementierbar. Insbesondere kleinere Unternehmen setzen auf diese Lösung.

Die Vorteile:

- WordPress ist kostenlos und es gibt eine deutsche Version.
- Installation und Bedienung sind einfach.
- Eine Vielzahl an Templates/Themes (viele davon kostenlos) bietet Gestaltungsspielraum.
- Durch Plugins und Widgets bestehen weitgehende Erweiterungsmöglichkeiten.
- Eine große Community mit Support-Foren steht bei Fragen zur Seite (Checkdomain 2017).

8.6 Blog als Content Hub

Der Wert von Social Media für die Kommunikation resultiert nicht zuletzt aus den wechselseitigen Synergien. Insofern ist es sinnvoll, soziale Netzwerke an den Blog „anzudocken" – und das auch umgekehrt zu tun. Das Blog wird damit zum Content Hub und bildet den Mittelpunkt Ihrer Kommunikation.

Auch externe Informationsquellen oder weiterführende Infos dürfen verlinkt werden. Ihre Leser wissen solchen Mehrwert zu schätzen und Sie bauen eine nachhaltige Onlinereputation auf.

Praxistipp

Verlinken Sie vom Blog auf Ihre sozialen Netzwerke und posten Sie dort, wenn Sie einen neuen Blogartikel online gestellt haben. Laden Sie die Leser außerdem auf allen Plattformen aktiv zum Dialog ein.

Ihr Transfer in die Praxis

- Bestimmen Sie einen verantwortlichen Kommunikationsprofi, der sich um die Themen kümmert, einen Redaktionsplan erstellt und die Schlussredaktion übernimmt.
- Wenn Sie ein Mitarbeiterblog aufbauen: Sie sollten hier möglichst wenig eingreifen, um die Authentizität zu wahren.

- Stellen Sie von Anfang an klar, was auf dem Blog passieren darf und was nicht und erstellen Sie Guidelines für alle Beteiligten.
- Seine Sie offen für Kritik von außen.

Literatur

Checkdomain: Welche Blog-Software passt zu mir? Der checkdomain CMS-Vergleich, 27.04.2017, https://www.checkdomain.de/blog/bloggen/einsteiger/welche-blog-software-passt-zu-mir-der-checkdomain-cms-vergleich/, Zugegriffen: 28. Juni. 2018.

9
Suchmaschinenoptimierung (SEO)

> **Was Sie aus diesem Kapitel mitnehmen:**
>
> - dass es wichtig ist, bei Google oben zu stehen und zu verstehen, wie Google tickt;
> - dass man dafür arbeiten muss und Geduld braucht;
> - welchen Content Google mag.

Rund 60 % der User klicken bei der Google-Suche gleich auf das erste Ergebnis, insgesamt 75 % auf eines der ersten drei Resultate (t3n 2015). Nur wenige Nutzer suchen über die erste Suchseite hinaus.

Dieses Nutzerverhalten macht SEO zunehmend unabdingbar – sonst droht monetärer Verlust. Die Bereitschaft, in SEO zu investieren, steigt folglich kontinuierlich. Das hat auch damit zu tun, dass SEO im Gegensatz zu bezahlter Suchmaschinenwerbung (Search Engine Advertising, SEA) nachhaltig wirkt. Wenn Sie Ihre Website mit relevanten Keywords auf die erste Seite der Suchmaschinenergebnisseiten (SERPs) bringen, haben Sie gute Chancen, dort langfristig zu bleiben – ohn, dass Ihnen dabei hohe Kosten für jeden einzelnen Klick entstehen.

> **Google liegt weit vorn**
>
> Knapp 90 % der Suchen erfolgt in Deutschland vom Desktop aus über Google. Mobil sind es sogar 97 %. Folglich sind die Suchmaschinen, die den Rest der Anteile unter sich aufteilen, (beinahe) irrelevant im Hinblick auf die Optimierung (FAZ online 2017).

9.1 Funktionsweise von Google-Suche

Googles Webcrawler, der Googlebot, durchsucht täglich Milliarden Websites nach neuem und aktuellem Content. Wie oft Ihre Seite besucht wird, hängt unter anderem davon ab, wie viele Links dorthin verweisen und wie hoch ihr Page-Rank ist. Weil sich der Bot wie eine Spinne von Seite zu Seite hangelt, wird er auch Spider genannt. Die beim Crawlen gefundenen Inhalte lädt er kontinuierlich herunter. Im Anschluss passiert der eigentlich entscheidende Schritt: Dann werden die Seiten durch die Suchmaschine indexiert.

Google versucht herauszufinden, wo es Sites einordnen muss. Das geschieht anhand mehrerer Kriterien. „On page" sind das vor allem die Inhalte, der Name der Domain, der Seitentitel sowie die Description. „Off page" ist die Einbettung des Webauftritts im Netz. Dazu gehören vor allem die eingehenden Links. Der Crawler spürt diese auf und bewertet sie positiv, sofern sie wiederum von einer Seite kommen, die als vertrauenswürdig und relevant eingestuft wird. Zunehmend analysiert und bewertet die Suchmaschine das User-Verhalten: Wie lange bleibt ein Besucher auf der Seite? Klickt er sich interessiert durch oder schließt er eine Page sofort wieder? Solche Fragen haben immer mehr Einfluss auf das Ranking.

Um eine optimale Nutzererfahrung anzubieten, bewertet Google die Seiten somit nach definierten Kriterien und sortiert sie entsprechend ihrer Relevanz. Daraus resultiert das Ranking – die Reihenfolge, in der sie gelistet werden (Abb. 9.1).

9 Suchmaschinenoptimierung (SEO)

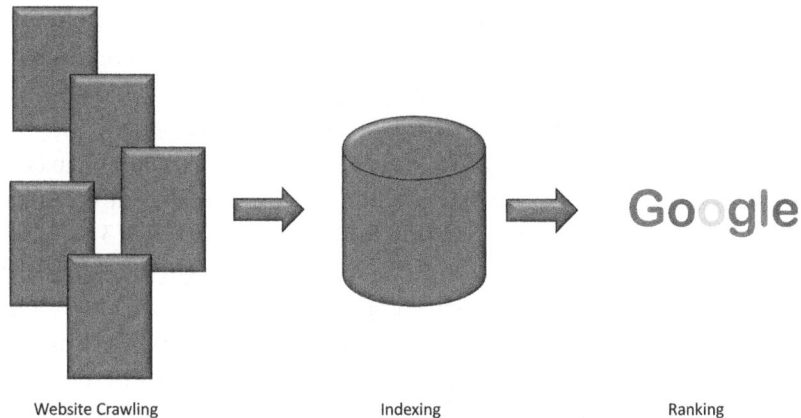

Abb. 9.1 Crawling und Indexierung. (Quelle: schmitt kommuniziert.)

9.2 Qualität als Rankingfaktor

Während vor ein paar Jahren fast allein die Zahl der Keywords auf der Seite sowie der externen Backlinks für ein gutes Ranking entscheidend war, sind es heute ganz andere Faktoren. Es geht nicht mehr um Masse, sondern um Qualität sowie Mehrwert für den User. Google kann die Inhalte einer Seite inzwischen wesentlich besser auslesen. Die entscheidenden Faktoren bei der Bewertung sind folgende:

- Ist der Content einer Seite themenspezifisch?
- Bringt er dem Besucher interessante Informationen?
- Beantwortet er die Fragen des Users?

Für diese Entwicklung waren in erster Linie drei bedeutende Updates verantwortlich:

- Die Entwicklung in Richtung Qualitätskriterien begann im Jahr 2011 mit Panda. Ab hier ging es um wertigen Content – und Google begann, nutzerfreundlich geschriebene Texte positiv zu bewerten. Für Panda gab es einige Neuerungen, die 2015 im Update Panda 4.0 mündeten.

- Im Zuge von Penguin werden seit 2012 durch Manipulationstechniken wie Keyword Stuffing, Link Schemes oder Cloaking „überoptimierte" Webseiten abgestraft. Damit will Google Spamming unterbinden. Penguin ist auch als das Webspam-Update bekannt geworden.
  Schließlich kam Hummingbird, das technisch gesehen die weitaus elementarste Änderung bedeutete, da der Algorithmus radikal verändert wurde. Mit dem Update wurde die Suche ab dem Jahr 2013 viel logischer. Während zuvor nur die einzelnen bei der Suche eingegebenen Wörter berücksichtigt wurden, konnte Google danach den Sinn wesentlich besser verstehen und bei den Ergebnissen berücksichtigen.
- Mobile Update: Dem Trend zur Nutzung des mobilen Internet trägt Google seit 2015 immer stärker Rechnung – mit einem Mobile Update. Seiten, die nicht responsiv und damit für mobile Endgeräte optimiert sind, müssen seitdem mit Rankingverlusten rechnen. Allerdings hielten sich die Auswirkungen des Mobile Update in Grenzen. Ein weiteres Mobile Update folgte 2017.
  Fred Update: Ende März 2017 bestätigte Google ein Update mit dem inoffiziellen Namen „Fred". Laut einer Sistrix-Analyse sind erneut insbesondere Seiten betroffen, die wenig relevanten Content liefern und viele Anzeigen im sichtbaren Teil der Seite beinhalten. Auch mit Keywords überladene Seiten wurden mit schlechteren Rankingplätzen abgestraft. Darüber hinaus wurden Seiten mit veralteten Inhalten schlechter bewertet. Mit diesem Update unterstrich Google seine konsequente Ausrichtung in Richtung des Prinzips „Mobile First".

Alle Verfahren wurden in mehreren Schritten weiterentwickelt und ausgefeilt.

9.3 Guter Content für Kunden, Influencer und für Google

„Guter Content" ist besonders aus drei Gründen ein entscheidender Faktor, um in den Suchmaschinenergebnissen auf der ersten Seite zu ranken:

9 Suchmaschinenoptimierung (SEO)

- Google liest die Seite aus und achtet dabei auf die Faktoren Qualität, Aufbau und Syntax. Einzigartige, interessante Inhalte ranken besser als phrasenhafte, eindimensionale und sich wiederholende. Eine Reihe von Tests und die exakte Auswertung der User-Daten helfen Google, dem Besucher möglichst relevante Ergebnisse zur Verfügung zu stellen. Eine gewisse Rolle spielt auch die Länge des Textes: Aus SEO-Sicht sollte ein Text idealerweise 300 Wörter oder mehr betragen.
- Links bleiben ein entscheidender Rankingfaktor. Dabei geht es heute in erster Linie um die Qualität der Verlinkungen – sie müssen von Seiten mit „hoher Autorität" kommen. Das sind Websites, die ihrerseits zahlreiche Visitors haben – zum Beispiel die Plattformen der etablierten Wirtschafts- und Fachmedien. Backlinks müssen Sie sich verdienen (Earned Media). Sie erhalten diese beispielsweise, indem Sie etablierten Portalen interessanten Content anbieten. Wenn dieser übernommen wird, wird die Redaktion in der Regel einen Backlink zu Ihrer Seite setzen oder Sie können dort anrufen mit der Bitte, dies zu tun.

> **Die Bedeutung von Backlinks**
>
> Es gab Diskussionen und Gerüchte, nach denen die Bedeutung von Backlinks im Hinblick auf die SEO zurückgeht und der Fokus noch stärker auf On-page-Content rückt. In der Praxis bestätigt hat sich diese Entwicklung nicht und es ist davon auszugehen, dass werthaltige Backlinks auch weiterhin eine entscheidende Rolle bei der SEO spielen werden.

- Google registriert das User-Verhalten. Dazu gehört in erster Linie die Frage, wie lange ein User auf der Seite bleibt und welche Seiten er anklickt. Daraus schlussfolgert die Suchmaschine, ob der Besucher gefunden hat, was er sucht. Eine lange Aufenthaltsdauer lässt somit auf interessante, relevante Inhalte schließen. Dies ist ein weiterer Schritt in Richtung von „Content is King", denn User bleiben nur auf einer Seite, wenn sie dort gute Inhalte finden.
- Die Entdeckung von gutem Content ist weniger schwer, als viele glauben: In jedem Unternehmen kommen täglich Themen auf, über die es sich zu sprechen lohnt und die für Medien, Kunden

und Partner interessant sind. Dasselbe gilt für den Markt und das Umfeld, in dem sich eine Organisation bewegt. Beim Content Marketing geht es darum, solche Inhalte zu finden und zu vermitteln.
- Unternehmen, die darauf setzen, profitieren von ihrem Gespür für überzeugende Inhalte und treffende Themen. Insbesondere wissen die Zielgruppen das zu schätzen.

9.4 Plattformen, Kanäle und Formate

Haben Sie einen Pool mit gutem Content aufgebaut, gilt es, die Inhalte auf den richtigen Kanälen zu transportieren. Für effektive SEO ist eine digitale Content-Strategie gefragt, die verschiedene Formate und Kanäle einbezieht und sie miteinander verknüpft. Wenn Sie eine Wechselwirkung zwischen unterschiedlichen Formaten und Kanälen herstellen, schaffen Sie damit neue Synergien. So können Sie interessante Themen, die in Verbindung mit Ihren Leistungen und Ihrer Geschäftsstrategie stehen, auf verschiedenen Channels – von Owned bis Earned Media – in unterschiedlicher Weise inszenieren.

Sie bieten Ihren Lesern interessante Informationen, unterstreichen Ihre Expertise auf bestimmten Gebieten und werden für Google auf ganz unterschiedlichen Kanälen mit dem gleichen Thema sichtbar.

Bedeutung der verschiedenen Kanäle aus SEO-Sicht
Die wichtigste Plattform für die SEO bleibt die Website selbst. Nützlicher und fesselnder Content wird die Seite stärker beeinflussen als alle anderen Faktoren. Idealerweise bieten Sie werthaltige Informationen multimedial an – durch Texte, Bilder und Videos. Gepaart mit den richtigen Keywords, liegt darin ein Schlüssel zum Erfolg. Verlinken Sie darüber hinaus innerhalb der Seite sinnvoll, denn eine daraus resultierende Struktur wird von Google honoriert. Zudem sollte die Website mobil optimiert sein – das wird von Usern wie von Google belohnt. Vermeiden sollten Sie inhaltsleeren Content, Worthülsen und die inflationäre Verwendung von Keywords.

9.4.1 Online-PR

Pressearbeit hat nicht nur eine Funktion im Zusammenhang mit der Positionierung der Marke und ihrer Entscheidungsträger. Ihr Unternehmen in Onlinemedien zu platzieren, lohnt sich noch aus einem anderen Grund: Sie stärken Ihre Onlinepräsenz und unterstützen die Suchmaschinenoptimierung. Für die SEO ist Online-PR aus zwei Gründen von Vorteil:

- Auffindbarkeit von Beiträgen: Etablierte Onlinemedien haben ein Top-Ranking bei Google. Damit ranken Beiträge mit den passenden Themen und Keywords hervorragend. Durch die Veröffentlichung von Beiträgen werden Sie mit dem entsprechenden Thema bei Google gefunden. Das gilt insbesondere für Fach- und Wirtschaftsmedien. Potenzielle Kunden gelangen somit über die Google-Suche auf den journalistischen Beitrag – und können von hier aus Ihre Website ansteuern.
- Backlinks: Wie skizziert, bewertet Google Links, die von vertrauenswürdigen Plattformen kommen. Besonders die Portale von Wirtschaftsmagazinen, Fachmedien und Tageszeitungen zählen dazu. Solche organisch gewachsenen Backlinks von etablierten Medien sind für Google hervorragende Referenzen, die als Indikator für Qualität dienen.

9.4.2 Blog oder digitales Magazin

Ein Corporate Blog ist eines der machtvollsten Instrumente, um das Google-Ranking zu verbessern. Das hat mehrere Gründe: Zunächst werden regelmäßige Updates auf einer Seite positiv gewichtet. Hilfreich ist das Wachstum der Website auch, weil sie mit jedem neuen Beitrag an Sichtbarkeit gewinnt. Ein weiterer großer Vorteil: Jeder Post kann mit passenden Keywords versehen werden, die zum Portfolio passen oder die im Umfeld des Unternehmens interessant sind. Damit steuern Sie genau, wie Ihre Zielgruppen Sie finden. Mit einem Corporate Blog oder einem digitalen Magazin steht darüber hinaus ein originärer Kanal zur Verfügung, den Sie nach Belieben gestalten können – im Gegensatz zu Newsseiten oder auch zu sozialen Netzwerken, die sich nicht in Ihrer eigenen Hand befinden.

9.4.3 Social Media

Die Wirkung von Backlinks aus sozialen Netzwerken und Social Signals (Likes, Shares) wird häufig überschätzt. Analysen weisen darauf hin, dass das Ranking davon nicht wesentlich beeinflusst wird.

Manche Studien legen zwar keine Kausalität, aber eine Korrelation zwischen Social Media und SEO nahe.

Ein Mehrwert resultiert jedoch aus zwei Aspekten:

- Die von Ihnen gesendeten Posts in sozialen Medien ranken auf jeden Fall und werden von Google gefunden. Folglich sollten Sie bestimmte Keywords in Ihre Posts einbauen. Auf diese Weise gelangen mindestens indirekt mehr Besucher auf Ihre Website.
- Die zusätzlichen Besucher, die über Social Media auf Ihre Seite kommen, werden von Google positiv bewertet.

9.5 Technische Kriterien

Mithilfe von Analysetools erfahren Sie, wie Ihre Seite rankt und was Sie verbessern können. Sie erhalten Informationen, ob Sie die richtigen Keywords verwenden, Quellcode und Design werden analysiert, ebenso wie der strukturelle Aufbau der Website mit den einzelnen Seiten. Möglich ist auch, dies mit Wettbewerbern zu vergleichen. Darauf basierend können Sie eine Reihe von Maßnahmen ergreifen.

Folgende Maßnahmen sind sinnvoll:

- Optimieren Sie alle Title Tags und Meta Descriptions auf die richtigen Keywords hin, denn gerade diese bleiben auch künftig wichtig. Auch die URL sollte entsprechend benannt werden.
- Versehen Sie Bilder mit einem Alternativtext, denn das liest die Suchmaschine aus und rankt bei der Bildersuche entsprechend.
- Eine übersichtliche Struktur und organische Hierarchie tragen zu einer einfachen Navigation bei und helfen Usern, sich schnell zurechtzufinden. Das erkennt auch Google und bewertet es positiv.
- Verlinken Sie innerhalb der Seite. Interne Verlinkungen sind von Bedeutung, da sie eine sinnvolle Struktur unterstreichen.
- Ladezeiten werden für Google immer wichtiger. Der Robot will Ressourcen sparen und ist daher auf Schnelligkeit angewiesen. Vermeiden Sie daher große Websites und große Bilddateien. Es empfiehlt sich stattdessen, die Seite smart und den Code schlank zu halten. Dabei sollten Sie nicht nur auf die Ladezeit der HTML-Datei achten, sondern auch auf die der Javascripte sowie auf die Geschwindigkeit interner Redirects.
- Bauen Sie Links kontinuierlich und damit organisch auf. Ein exponentieller und damit extrem schneller Linkaufbau schürt hingegen bei Google den Verdacht, dass eine „Manipulation" vorliegt.
- Mobile Optimierung wird künftig einer der wichtigsten Faktoren für Google sein. Ein responsives Design sollte heute sowohl aufgrund der User-Freundlichkeit als auch für die SEO selbstverständlich sein.
- SSL-Zertifikat: Die Sicherheit beim Datentransfer ist ein wichtiger Ranking-Faktor. Auch aus diesem Grund sollten Unternehmen ihre Seiten von http auf https umstellen, sofern das noch nicht geschehen ist.

Praxistipp
Wer mit Suchmaschinenoptimierung auf Grundlage von Content Marketing beginnt, tut sich leichter mit einer klaren Marschroute. Diese sollte die folgenden Schritte umfassen:

- Content: Recherchieren Sie in Ihrem Unternehmen und im Umfeld nach interessanten Inhalten, mit denen Sie Ihre Kunden und Partner überzeugen.
- Kanäle: Analysieren Sie, wo Ihre Zielgruppen nach Informationen suchen und nutzen Sie die entsprechenden Kanäle für Ihre Kommunikation.
- Keywords: Bestimmen Sie die für Ihr Geschäft wichtigen Keywords. Neben eigener Ideenfindung und einem Brainstorming helfen dabei Tools wie der Google AdWords Keyword Planner oder das Portal rankingCHECK.
- Je nach Markt und Wettbewerb kann es sinnvoll sein, auf weniger umkämpfte Nischen-Keywords zu setzen. Je spezifischer Sie hier werden, desto genauer finden Sie Ihre Zielgruppen – und Sie müssen nicht in Wettbewerb mit der großen Masse treten.
- Technische Optimierung: Optimieren Sie URLs, Titles und Meta Descriptions, verschlanken Sie die Seite, um kurze Ladezeiten sicherzustellen, optimieren Sie sie für mobile Geräte und sorgen Sie für eine SSL-Verschlüsselung.
- Produktion: Wenn Sie interessante Inhalte definiert und einen Redaktionsplan aufgestellt haben, können Sie rasch mit der Produktion von Content beginnen. Dazu brauchen Sie Autoren für die Texte und Produzenten für Videos.

9.6 Entwicklungen

9.6.1 Content

Google wird relevanten, attraktiven und überzeugenden Content künftig noch stärker als positiven Faktor für die Indexierung von Websites heranziehen. Die Suchmaschine versteht Zusammenhänge immer besser und bewertet die gesamten Inhalte einer Seite anstelle einzelner Keywords. Darauf müssen sich Marketingverantwortliche einstellen und entsprechende Inhalte anbieten.

9.6.2 Sinkende Relevanz von Keywords

Keywords werden mittelfristig nicht von der Bildfläche verschwinden – die Relevanz nimmt aber ab, nachdem Websites von Google holistisch analysiert werden. Der gesamte Kontext wird analysiert und so werden beispielsweise Synonyme die gleiche Relevanz haben wie ein bestimmtes „Keyword". Seitentitel und Meta Description verlieren tendenziell an Relevanz.

9.6.3 Usability und Userverhalten

Neben der inhaltlichen Qualität wird eine attraktive Darstellung von Content für Google noch wichtiger. Dazu gehört eine intuitive Usability. Google wird noch stärker analysieren, inwieweit Besucher mit der Struktur einer Seite klarkommen und wie zufrieden sie mit der Aufbereitung der Inhalte sind. Die Verweildauer wird noch stärker berücksichtigt – eine hohe Nutzerfreundlichkeit hat damit immer stärkeren Einfluss auf das Ranking.

9.6.4 Mobile First und Voice Search

Bereits heute laufen bis rund 50 % aller Suchen auf mobilen Endgeräten – Tendenz steigend (Onlinemarketing 2017). Responsive Seiten sind damit ein Muss. Dazu wird Voice Search künftig noch stärker genutzt, ist sie doch mobil wesentlich einfacher und schneller als per Tastatur. Die Systeme für iOS, für Android und Windows werden weiter optimiert. Dadurch ändern sich Suchgewohnheiten – insbesondere werden kurze Fragen und Stichworte zunehmen.

Ihr Transfer in die Praxis

- Was passiert eigentlich, wenn Sie Ihren Unternehmensnamen, gekoppelt mit ein paar weiteren Keywords, bei Google eingeben?
- Was passiert, wenn Sie Ihren Unternehmensnamen nicht eingeben, sondern nur die für Ihre Branche wichtigen Keywords? Sollten Sie hier nicht in den obersten fünf Ergebnissen dabei sein, müssen Sie dringend handeln und Ihr SEO optimieren.
- Holen Sie sich hierfür gegebenenfalls Beratung von außen – Google ist komplex.

Literatur

FAZ online: Die Deutschen lieben Google, 14.05.2017, http://www.faz.net/aktuell/wirtschaft/grafik-des-tages-die-deutschen-lieben-google-14999842.html, letzter Zugriff: 28.06.2018

Onlinemarketing: Social & Mobile Trends: So digital ist Deutschland 2017, 31.01.2017, https://onlinemarketing.de/news/globale-internetnutzung-digitalisierung-deutschland-2017, letzter Zugriff: 28.06.2018

T3n: SEO: So oft klicken Nutzer auf die ersten Positionen der Suchergebnisse, 26.10.2015, https://t3n.de/news/seo-nutzer-suchergebnisse-650974/, letzter Zugriff: 28.06.2018

10

Mitarbeiter im Fokus

> **Was Sie aus diesem Kapitel mitnehmen:**
>
> - dass ein erfolgreiches Talent Management Ihr Unternehmen sehr weit bringen kann;
> - dass Sie Ihre Stärken als Arbeitgeber betonen sollten;
> - Wie wichtig es ist, mit allen Mitarbeitern zu kommunizieren;
> - welche internen Kommunikationskanäle es gibt.

Die Wirtschaft boomt und viele Unternehmen können erhebliche wirtschaftliche Erfolge verbuchen. Um dies nachhaltig zu gewährleisten, gilt es nicht nur, weitere Kunden zu gewinnen. Der Schlüssel zum Erfolg liegt angesichts des Fachkräftemangels darin, kompetente Mitarbeiter an Bord zu holen. Talent Management ist das Stichwort der Stunde.

Mitarbeiter gewinnen, sie langfristig ans Unternehmen binden und mit ihnen gemeinsam erfolgreich sein – das geht nur in Kombination mit guter Kommunikation. Eine Employee Journey braucht eine Überzeugung und einen Diskurs. Die Herausforderung: den richtigen Content zur richtigen Zeit an den (potenziellen) Mitarbeiter zu veröffentlichen – und das und in der richtigen Tonalität zu tun.

10.1 Employer Branding

Der Kampf um Talente tobt heute intensiver als je zuvor – besonders, wenn es um die Generationen Y und Z geht. Um Fach- und Führungskräfte zu gewinnen, ist eine starke Arbeitgebermarke so wichtig wie nie. Die heute gesuchten Spezialisten bewegen sich meist mit Leichtigkeit auf digitalem Terrain. Um sie zu begeistern, braucht es einen entsprechend virtuosen Auftritt in Online-Medien.

Lassen Sie Ihre künftigen Mitarbeiter doch mal hinter die Kulissen blicken: Über Social Media vermitteln Sie ein gutes Bild, warum es Spaß macht, bei Ihnen zu arbeiten. Der Einsatz von Videos ist gut geeignet, um diesen Eindruck durch authentische Stimmen zu untermauern. Und wenn Sie attraktive Karriereseiten in Ihre Website einbauen, erreichen Sie garantiert leichter die Richtigen.

Basierend auf einer Analyse mit definierten Parametern können Sie Ihren aktuellen Auftritt als Arbeitgebermarke einschätzen. Daraufhin fällt es leichter, die wirklich geeigneten Maßnahmen zu entwickeln, um das Interesse talentierter Kandidaten zu gewinnen.

Operativ gilt es zum Beispiel, soziale Netzwerke und Bewegtbildkommunikation zu nutzen oder aktuelle Mitarbeiter zu Markenbotschaftern zu machen.

Die Fragen, die im Vordergrund stehen:

- Was sind Ihre Stärken als Arbeitgeber, was hebt Sie vom Wettbewerb ab?
- IT-Spezialisten, Ingenieure oder Pflegepersonal – welche Zielgruppen wollen Sie erreichen?
- Auf welchen Kanälen, mit welchen Botschaften und mit welchen Inhalten erreichen Sie die Zielgruppen?

Entwickeln Sie am besten ein Konzept mit den Faktoren, die für Sie als Arbeitgeber sprechen. Und planen Sie darauf basierend die entsprechenden Kampagnen und Maßnahmen.

10.2 Interne Kommunikation

10.2.1 Die Rolle der internen Kommunikation

Employer Branding bedeutet in Zeiten des Fachkräftemangels nicht nur, das Interesse potenzieller Kandidaten für ein Unternehmen zu wecken. Vielmehr geht es darum, die Interaktion mit Mitarbeitern nachhaltig zu begleiten, um diese langfristig ans Unternehmen zu binden. Die Entwicklung und Umsetzung einer individuellen Strategie für interne Kommunikation ist eine wichtige Grundlage dafür.

Aber es geht noch um wesentlich mehr: So ist es von elementarer Bedeutung, Mitarbeiter „mitzunehmen", wenn es um wirtschaftliche, strategische und technologische Entscheidungen und Entwicklungen geht. Ein entscheidender Faktor ist das etwa, wenn es um Mitarbeitermotivation und Commitment geht.

Doch auch dies ist längst nicht alles, wenn es um interne Kommunikation geht. Diese hat eine entscheidende Rolle im Hinblick auf die Kultur eines Unternehmens. Und sie hat nicht zuletzt Einfluss auf die Außenwahrnehmung – denn Mitarbeiter sind, ob sie wollen oder nicht, immer auch Multiplikatoren.

In dieser Konstellation ist die „interne" die anspruchsvollste Disziplin der Unternehmenskommunikation. Die eigenen Mitarbeiter sind im Vergleich zu externen Stakeholdern im Hinblick auf Kommunikation die anspruchsvollere Zielgruppe.

In erster Linie ist interne Kommunikation Beziehungsmanagement – zwischen Vorstand, Führungskräften und Mitarbeitern. In diesem laufenden Dialog gilt es nicht zuletzt, die Rolle von internen Multiplikatoren und Opinion Leadern zu bewerten und zu gestalten.

Innovative Medien und Kanäle sind ebenso von hoher Bedeutung wie die richtigen Botschaften und Informationen. Denn nur, wenn Mitarbeiter frühzeitig über die relevanten Strategien informiert sind und diese mittragen, können sie schnell und gezielt handeln.

10.2.2 Kommunikation ist der Anfang von Vertrauen

Mit glaubwürdiger Kommunikation schaffen Sie eine Grundlage für Vertrauen. Denn auch unbeliebte Entscheidungen werden von Mitarbeitern wesentlich häufiger mitgetragen, wenn sie nachvollziehbar erklärt werden. Allerdings ist der alleinige Einsatz von klassischen Oneway-Channels wie Intranet, Mitarbeitermagazin oder Newsletter in diesem Kontext nicht ausreichend. Denn es zeigt sich, dass immer weniger Menschen den Aussagen von Vorständen und ihren Pressesprechern vertrauen (Edelman 2017).

Somit sind bei der Strategieentwicklung für die interne Kommunikation mögliche Kritikpunkte seitens der Mitarbeiter zu bewerten. Die Frage ist zu beantworten, wie diesen glaubwürdig begegnet wird. Auch die Auswahl von Kanälen und Kommunikationsformen spielt dabei eine entscheidende Rolle.

10.2.3 Change als Herausforderung

Besonders im Rahmen von Projektkommunikation ist es die Aufgabe der Kommunikation, die Mitarbeiter über jeden Schritt und jede geplante Maßnahme zu informieren, Ergebnisse zu dokumentieren und verfügbar zu machen. Die zu erwartende Kritik, Ängste und Verunsicherungen seitens der Mitarbeiter sind hier zu berücksichtigen und in die Kommunikation einzubeziehen. Entscheidend ist, dass es gelingt, sämtliche Fragen nicht nur aufzunehmen, sondern ernst zu nehmen und adäquat zu behandeln. Hier sollten keine stereotypen Antworten, sondern menschliche Werte im Vordergrund stehen.

10.2.4 Interne Kommunikationskanäle

In der internen ist die Auswahl der richtigen Kanäle noch mehr Herausforderung als in der externen Kommunikation.

Numerisch stehen genauso viele oder noch mehr Kanäle zur Verfügung. Die Formate sind jedoch nicht 1:1 übertragbar. Sie sind vielmehr völlig unterschiedlich charakterisiert. So hat ein Mitarbeitermagazin für die interne eine komplett andere Bedeutung als die Presse in der externen Kommunikation – obwohl das Heft zunächst einmal aussieht wie ein „normales" journalistisches Medium. Auch ist ein internes Social Network wie Yammer nicht wirklich vergleichbar mit Facebook – auch wenn eine Reihe analoger Funktionen zur Verfügung steht. Überhaupt ist die Initiierung eines Dialogs in der internen Kommunikation eine noch wesentlich größere Aufgabe.

Die Beteiligung von Mitarbeitern an der Kommunikation ist eine wesentliche Zukunftsaufgabe. Die Medien auszuwählen, die auf den eigenen Case passen, und dafür geeigneten Content anzubieten, dürfte in diesem Zusammenhang die größte Herausforderung sein (Abb. 10.1).

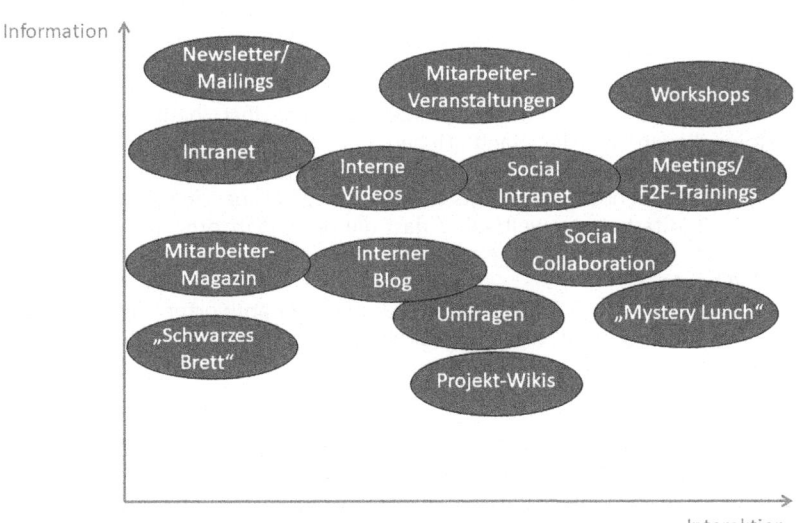

Abb. 10.1 Interne Kommunikation: Formate und Medien. (Quelle: schmitt kommuniziert.)

Beispiel: Onlinemagazin „ONE" – interne Kommunikation bei der Software-AG

„Macht's doch selbst" in der internen Kommunikation – so lautet das Motto der Software-AG. Und dieser Ansatz eines global aufgestellten Unternehmens ist durchaus übertragbar auf kleine und mittelständische Unternehmen (KMU).

Wie alles anfing
Vor einem Jahr haben die internen Kommunikatoren der Software-AG das Onlinemagazin ONE gelauncht. Das Besondere daran: Artikel und Fotos stammen von den weltweiten Mitarbeitern. Die Rolle der Redaktion hat sich völlig verändert.

Die Idee der Software-AG: Wenn sich Mitarbeiter als Teil eines Unternehmens verstehen, wollen sie an der Kommunikation ihres Arbeitgebers beteiligt sein. Sie wollen eigene Anliegen, Ideen und Projekte vorstellen. Das ermöglicht die Software-AG seit 2016 mit dem Onlinemagazin ONE. Die Publikation wird in Kürze die internen Grenzen sprengen und auch für externe Zielgruppen verfügbar sein – ein revolutionärer Ansatz, von dem sich Management wie Mitarbeiter einen Vorteil versprechen dürfen. Die Software-AG setzt damit eine Benchmark.

Die Projektphase
Vom Kick-off bis zum Go-live vergingen kaum neun Monate – eine äußerst zügige Abwicklung. Die Kosten des Gesamtprojekts bleiben mit einer mittleren fünfstelligen Summe überschaubar. Und die Erfolge liegen auf der Hand: Neben den Faktoren „Verbesserung der Unternehmenskultur" und „Erhöhung der Effizienz" belegen auch die Zugriffe mit mehr als 4000 Visits und über 40.000 Page Views pro Monat – bei 4600 Mitarbeitern weltweit – dass die neue Plattform gut ankommt. Im Schnitt gehen jede Woche zwölf neue Beiträge online.

Stand heute
Ein Team aus zwei Teilzeitmitarbeiterinnen verantwortet die gesamte Redaktion. Das wird möglich, nachdem die Mitarbeiter als Autoren fungieren und die Kommunikationsabteilung sich auf strategische Herausforderungen konzentrieren kann.

Sprachlich greift die Redaktion nur ein, wenn unbedingt nötig. Denn die Artikel sollen authentisch sein. Zwar sind die Mitarbeiter manchmal dankbar, wenn sprachlich etwas geschliffen wird. Auch kümmert sich die Redaktion bei nicht-englischen Beiträgen um die Übersetzung ins Englische, da die Hauptsprache des Onlinemagazins Englisch ist. Grundlegend redigiert wird aber nicht.

Fotos liefern die Mitarbeiter ebenfalls selbst, Stock-Fotos werden vermieden. Es geht darum, den Mitarbeitern ein Gesicht zu geben. Eine Herausforderung war es zu vermitteln, dass die Verfasser die Illustration

10 Mitarbeiter im Fokus

ihrer Beiträge direkt mitdenken sollen. ONE lebt von vielen, möglichst guten Bildern, diese werden aber in der Regel nicht bearbeitet. Die Redaktion pflegt Artikel und Fotos in das Wordpress-System ein und ordnet sie drei Rubriken zu:

- „Business": Beiträge über neue Produkte, Veranstaltungen, Awards und Projekte, die das Geschäft betreffen.
- „People": Hier stehen die Mitarbeiter im Mittelpunkt. Dazu gehören Teams, soziale Themen, Charity-Projekte, Persönliches und Hobbys.
- Die Kategorie „Strategy" behandelt Themen mit strategischer Relevanz für den Gesamtkonzern. Das sind etwa Vorstandsentscheidungen, Geschäftszahlen, M&A.

Dazu kommen Rubriken wie die Presseschau „Executives in the Media", die von der Redaktion bespielt werden.

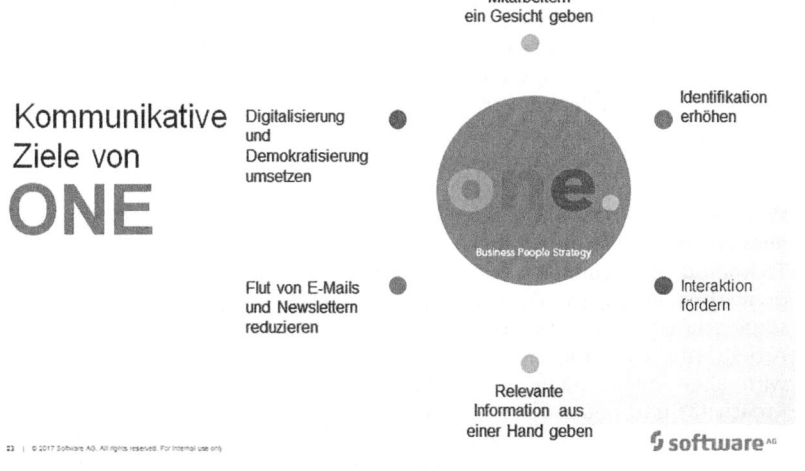

Beispiel „Interne Kommunikation braucht persönlichen Austausch"

Interview mit Christoph Drebes, Gründer der Mystery Minds GmbH
Intranet, Mitarbeitermagazin, Enterprise Social Network – oder das gute alte Schwarze Brett: Wenn es um interne Kommunikation geht, setzen Unternehmen auf bewährte Kanäle. Jedoch haben Mitarbeiter häufig den Eindruck, dass sie die „eigentlich relevanten Informationen" mittels Flurfunk schneller erhalten. Die entscheidende Frage an dieser Stelle: Wie kommen Botschaften wirklich an? Und gelingt vertrauenswürdige Kommunikation?

Christoph Drebes, Geschäftsführer der Mystery Minds GmbH, hat gemeinsam mit seinen Partnern vor vier Jahren das Start-up Mystery Lunch ins Leben gerufen. Mithilfe der Software-as-a-Service(SaaS)-Plattform vernetzen sich Kollegen aus unterschiedlichen Abteilungen in mittelständischen und großen Unternehmen per Blind Date beim Mittagessen. Christoph hat über Mystery Lunch hinaus noch viele andere Ideen, wie Vernetzung gelingt. Er weiß, warum das gerade in der Digitalisierung für die interne Kommunikation so wichtig ist und warum eine Checkliste helfen kann.

Christoph, für Unternehmen stehen bei der internen Kommunikation meist etablierte Kanäle wie das Intranet oder Social Networks im Vordergrund. Warum ist dieser Ansatz zu eindimensional?
Wenn es um interne Kommunikation geht, denken Führungskräfte häufig daran, strategische Ziele und Botschaften im Köpfchen der Mitarbeiter zu verankern. Das ist zweifellos wichtig. Aber „gute Kommunikation" heißt viel mehr: Der Austausch zwischen Kollegen, die Vernetzung zwischen Mitarbeitern und eine werteorientierte Unternehmenskultur – solche Faktoren spielen eine zunehmend wichtige Rolle. Nicht zuletzt, weil die Innovationsfähigkeit von Firmen maßgeblich von Informationsfluss und Wissensaustausch abhängt. Daher sollte die Kommunikation einen kontinuierlichen Dialog mit und zwischen Mitarbeitern ermöglichen.

Warum ist der persönliche Kontakt gerade heute entscheidend, wo sich alles um Digitalisierung dreht?
Technologien verändern die Arbeitswelt. Dieser Veränderungsprozess geht schneller vor sich als jeder andere in der Geschichte der Menschheit – sogar schneller als beispielsweise die industrielle Revolution. Menschliche Arbeitskraft wird für repetitive Aufgaben an Bedeutung verlieren. Sie wird aber immer dann wichtig bleiben, wenn es um Wertschöpfung, Kreativität und neue Ideen geht. Experten aus verschiedenen Disziplinen arbeiten über Abteilungsgrenzen hinweg gemeinsam in Think Tanks. Der persönliche Kontakt zwischen den Projektbeteiligten ist sehr wichtig im Hinblick auf erfolgreiche Projekte.

Was bedeutet das für die interne Kommunikation in Unternehmen?
Kommunikation ist bereits heute wesentlich vielschichtiger als noch vor einigen Jahren. Nicht nur die Medien und damit die Kommunikationswege haben sich verändert, sondern auch die Arbeitsweise von Mitarbeitern. Diese Entwicklung hat erst begonnen und wird in den kommenden Jahren wesentlich mehr an Fahrt aufnehmen. Natürlich werden Mitarbeitermedien damit nicht überflüssig – aber sie werden zunehmend zu ergänzen sein durch andere Möglichkeiten der Interaktion.

An welche Kontaktpunkte und Kommunikationsplattformen denkst du dabei?
Neben technischen Plattformen geht es um neue Wege der Interaktion. Veranstaltungen spielen hier eine wichtige Rolle – beispielsweise interne Barcamps. Hier entsteht ein Austausch über Führungsebenen und Abteilungen hinweg. Jeder Teilnehmer kann dabei eine eigene Session zu einem selbst gewählten Thema anbieten. Mitarbeiter haben Gelegenheit, ihre Themen und Projekte zu präsentieren und Diskussionen anzustoßen. Das ist ideal, um neue Prozesse in Gang zu bringen, denn es entstehen an einem einzigen Tag viele neue Ideen.

Wie helft ihr mit eurer Firma großen Unternehmen bei Kommunikation und Networking?
Wir bieten mit Mystery Lunch seit einigen Jahren eine Plattform, die Blind Dates beim Mittagessen ermöglicht: Mitarbeiter aus verschiedenen Abteilungen, die Lust auf Vernetzung und neue Kontakte haben, melden sich auf der Plattform an. Jeweils zwei Kollegen aus verschiedenen Bereichen werden im nächsten Schritt per Zufall zu einem gemeinsamen Lunch zugelost. Auf diese Weise möchten wir eine Grundlage legen für bessere Vernetzung und neue Ideen im gesamten Unternehmen. Damit verbundene Ziele sind eine Verbesserung der Unternehmenskultur und eine Stärkung der Innovationsfähigkeit.

Wie wirkt sich das auf die Kommunikation im Unternehmen aus?
Primär tragen wir auf informellem Wege zu besserer interner Kommunikation bei. Denn durch die regelmäßig stattfindenden Mystery Lunches entwickelt sich ein Informationsfluss zwischen verschiedenen Abteilungen. Dieser kann und soll nicht manuell gesteuert werden. Dadurch wird ein „echter Blickwinkel" auf das Unternehmen aus einer anderen Ecke ermöglicht.

Gibt es hier Schnittstellen zu klassischer interner Kommunikation?
Auf jeden Fall. Zum Beispiel nutzen unsere Kunden ihre Mitarbeitermedien – das Intranet oder das Mitarbeitermagazin – um auf Mystery Lunch aufmerksam zu machen. Infos über besondere Angebote wie zum Beispiel das von uns sind ja ein Grund dafür, dass Mitarbeiter das Intranet nutzen. Auch Infostände in der Kantine oder Infos auf einer Hausmesse sind gängige Plattformen, um über das Angebot zu informieren. Umgekehrt ist es aus unserer Erfahrung so, dass das vom Unternehmen ermöglichte „Mehr" an Kommunikation zwischen Mitarbeitern wiederum dazu führt, dass die Identifikation mit dem Arbeitgeber verbessert wird. Damit interessieren sich Arbeitnehmer auch wiederum stärker für die Informationsplattformen – insbesondere das Intranet. Am besten entwickeln Unternehmen Standards und Checklisten für die interne Kommunikation, die verschiedene Ansätze beinhalten.

Welche Ideen zur Verbesserung von Kommunikation und Workflows habt ihr außerdem?
Eine ganze Menge *(lacht)*. Zum Beispiel das sogenannte Job-Shadowing: Wenn Kollegen für einen Tag mit einem Kollegen mitlaufen, haben sie die Chance, die Perspektive zu wechseln und ein Gefühl dafür zu entwickeln, wie andere Abteilungen arbeiten. So können gute Ideen übernommen werden. Oder die Idee von Reverse Mentoring: Wenn Mitarbeiter zum Mentor werden und Führungskräfte zum Mentee, werden überraschende Entwicklungen ermöglicht. Die Welt durch die Brille der „anderen Seite" zu sehen, das ermöglicht ein besseres Verständnis. Was mir persönlich auch sehr gut gefällt, ist die sogenannte kollegiale Fallberatung: Ein Teilnehmer schildert eine Problemstellung, die von einer Gruppe – in der Regel rund sechs bis neun Mitarbeiter – in einem strukturierten Verfahren bearbeitet wird. Gemeinsame Lösungen erarbeiten, das baut ganz schnell neue Brücken.

Welche Bedeutung hat die Gestaltung von Räumen?
Eine sehr hohe. Räume für Kollaboration sollten auch physisch zur Verfügung gestellt werden. Solche Co-Creation-Areas unterstützen eine bessere Zusammenarbeit und legen die Grundlage für neue Ideen. Auch kreativ gestaltete Kaffeeküchen können dabei helfen. Im Mittelpunkt steht das Ziel, Kollegen zusammenzubringen und Kommunikation zu verbessern.

Ihr Transfer in die Praxis
- Haben Sie das Gefühl, eine starke Arbeitgebermarke zu sein?
- Was können Sie tun, damit man bei Ihnen arbeiten will?
- Prüfen Sie genau, welche internen Kommunikationskanäle Sie haben und ob diese effizient genutzt werden.
- Kommunizieren Sie Ihre Vorteile! Vor allem auch intern und machen Sie damit Mitarbeiter zu Influencern.

Literatur

Edelman: Edelman Trust Barometer 2017. https://www.edelman.com/trust2017. Zugegriffen: 12. Juli 2018.

11
Videos und Storytelling

> **Was Sie aus diesem Kapitel mitnehmen:**
>
> - dass Bewegtbild eine große Zukunft hat;
> - dass Sie mit gut gemachten Filmen Kunden und Mitarbeiter gleichermaßen von sich überzeugen können;
> - wie wichtig Unternehmensstorys sind.

11.1 Kommunikationsziele effizient erreichen

Bewegte Bilder machen digitale Kommunikation lebendig und Inhalte erlebbar. Sie unterstützen Unternehmen dabei, positiv auf sich aufmerksam zu machen und zum Beispiel neue Kunden zu überzeugen oder potenzielle Mitarbeiter zu gewinnen.

Videos sind ideal geeignet, um in kurzer Zeit eine maximale Informationsdichte zu erzeugen. Selbst komplizierte Sachverhalte lassen sich innerhalb von wenigen Minuten oder gar Sekunden erklären. Das schafft kein anderes Medium – und kein anderes Medium kann so stark Emotionen auslösen.

Videos sind heute schnell und mit überschaubarem Aufwand herstellbar. Folglich genügen schon kleine Budgets, um eine große Wirkung zu erzielen. Damit stellen Videos ein äußerst effizientes Kommunikationsformat dar.

Es ist zu empfehlen, auf Storytelling und starke Inhalte zu setzen – also Videos zu machen, aus denen ein Nutzwert für den User resultiert. Das können zum Beispiel interessante Informationen, kleine Geschichten oder auch unterhaltende Elemente sein. Ein Handwerker oder ein Hersteller zeigt seine Kompetenz am besten, indem er illustriert, wie etwas gemacht wird. Dienstleister erzählen am besten Geschichten, wie sie Kunden erfolgreicher gemacht haben – und lassen dabei auch den Kunden zu Wort kommen.

11.2 Employer Branding

Darüber hinaus sind Videos zum Beispiel auch für das Employer Branding hervorragend geeignet und unterstützen den Aufbau einer guten Arbeitgebermarke wesentlich. Auch hier können gerade mittelständische Unternehmen schon mit einfachen Mitteln professionelle Clips produzieren. Um das Video gezielt zu verbreiten, muss es zum einen die Interessen der Zielgruppen ansprechen und Dinge zeigen, die man nicht jeden Tag und an jeder Ecke zu sehen bekommt. Zum anderen muss es an der richtigen Stelle publiziert, verschlagwortet, auffindbar gemacht und anschließend in geeigneter Weise promotet werden.

11.3 Technische Optimierung für Suchmaschinen

Wie sorgen Sie dafür, dass Ihre Videos den nötigen Traffic erzielen? Dafür gibt es eine Reihe von technischen Varianten, die im Hinblick auf Suchmaschinen gut funktionieren:

- Damit Videos sowohl auf Plattformen wie YouTube als auch in Suchmaschinen gut gefunden werden, sollte bereits der Name der Videodatei nach relevanten Keywords optimiert sein.
- Nach dem Upload sollten Parameter wie Titel, Untertitel und Beschreibung sowie zusätzliche Tags sehr sorgfältig gewählt werden.
- Damit werden Ihre Videos sowohl bei Google als auch direkt auf YouTube gut gerankt.

11.4 Mehr Traffic für Videos

Flankierende Maßnahmen über Social Media sind effizient, da Shares von Videos beliebt sind. Möglich sind darüber hinaus PR-Maßnahmen, die Videos in den Mittelpunkt stellen. Oder Onlinemarketing, zum Beispiel über Affiliates und Blogger Relations. Zusätzlich könnten Adwords-Kampagnen gefahren werden.

11.5 Bewegtbild in der internen Kommunikation

Bewegtbild hat das Potenzial zum Zugpferd im Marketing. Aber auch in der internen Kommunikation ist es ein tolles Medium. So kann sich der Chef zum Beispiel jeden Freitag per Video an die Mitarbeiter wenden, um zu erzählen, wie die Woche gelaufen ist. Projektgruppen können erzählen, was das Ergebnis ihres Projekts sein wird. Neue Verfahren können mit kleinen Erklärfilmen illustriert werden. Der Außendienst kann sich mal von einem Kameramenschen begleiten lassen und den Kollegen inhouse zeigen, wie ein Tag vor Ort beim Kunden aussieht.

11.6 Das Drehbuch für die richtige Story

Ein klares Ziel zu haben, was mit einem Video erreicht werden soll, ist unabdingbar. Oftmals ist es dabei sinnvoll, die wichtigsten Punkte aufzuschreiben – etwa, wo welche Szene gedreht wird, wer darin vorkommt und wer was sagt. Das kann helfen, Spannung aufzubauen, sie zu halten und am Ende zu einer klaren Aussage zu kommen. Jedoch ist nicht für jedes Video eine Story zwingend notwendig. Manchmal reicht es, eine Idee zu haben und dann einfach die Kamera einzuschalten. Dies gilt umso mehr, nachdem es in der Bewegtbildkommunikation sehr stark um Authentizität geht.

11.7 Equipment: Neue Smartphones liefern tolle Resultate

Neueste Smartphones haben Kameras mit unterschiedlichen Brennweiten und 4K-Auflösung – das ist viermal so groß wie Full-HD. Für Web-Videos ist das vollkommen genügend. Teure Profikameras haben zwar eine Reihe zusätzlicher Features – für die meisten Einsatzbereiche im Bereich Storytelling sind diese jedoch überflüssig. Allzu kompliziert zu bedienende Hardware kann sogar eher kontraproduktiv sein. Einen guten Kompromiss stellen moderne Spiegelreflexkameras im mittleren Preissegment dar. Diese bieten eine Reihe von Funktionen und bieten die Möglichkeit, die Belichtung bedarfsgerecht zu regeln.

11.8 Ressourcen schonen und Kosten im Griff behalten

Hinsichtlich der Ressourcen ist die Frage stets: Wie kann das Ziel möglichst unaufwendig erreicht werden? Eine Produktion mit Schauspielern, Locationsuche und Drehbuch kostet viel Zeit – und damit Geld. Eine kurze Ansprache des Chefs oder das Führen eines kurzen Interviews mit einem guten Kunden hingegen kann zügig realisiert werden. Mitunter gelingt es, die Produktion binnen eines Tages abzuschließen – mit entsprechend geringen Kosten.

„Komplexe Themen innerhalb kürzester Zeit auf den Punkt bringen – und damit Kunden, Partner und Mitarbeiter gewinnen"

...Videos eignen sich dafür hervorragend, so Alexander Mereien, Berater für Change- und Projektkommunikation mit Schwerpunkt Bewegtbild und Netzwerkpartner von schmitt kommuniziert. Er weiß, wie Storytelling geht und warum Werbung nicht funktioniert.

Alexander, welche Videos haben in der Kommunikation eine besonders starke Wirkung?
Jeder kennt vermutlich Imagefilme, die weismachen wollen: ‚Die Firma Schulz ist mit sieben Mitarbeitern seit fünf Generationen das führende Fachgeschäft am Ort'. Das bringt in der Regel nicht viel. Stattdessen empfiehlt es sich, auf Storytelling und starke Inhalte zu setzen – also Videos zu machen, aus denen ein Nutzwert für den User resultiert. Das können zum Beispiel interessante Informationen, kleine Geschichten – oder auch unterhaltende Elemente sein. Ein Handwerker oder ein Hersteller zeigt seine Kompetenz am besten, indem er illustriert, wie etwas gemacht wird. Dienstleister erzählen am besten Geschichten, wie sie Kunden erfolgreicher gemacht haben – und lassen dabei auch den Kunden zu Wort kommen.

Welche Beispiele gibt es dafür?
Vor einiger Zeit gab es ein Video von Northmen, einem lettischen Hersteller, der Äxte von Hand produziert. Die haben einen Film auf YouTube gestellt, der in supertollen Bildern erzählt, wie die Axt hergestellt wird. Ich glaube, die kommen seitdem mit der Produktion nicht mehr nach. So gesehen kann ein gutes Video das Geschäft so richtig zum Fliegen bringen. Auch wenn das nicht immer gelingt – Videos machen Kommunikation lebendig.

Jeden Tag werden Tausende von Videos ins Netz gestellt. Wie gelingt es mit einem Video, die eigenen Zielgruppen zu erreichen?
Zum einen muss das Video so gut sein, dass es weiterempfohlen wird. Das Wichtigste dabei ist, dass es das Interesse der Zielgruppe anspricht. Es geht darum, Dinge zu zeigen, die man nicht jeden Tag und an jeder Ecke zu sehen bekommt. Wie eben das Beispiel mit der Axt. Das Video hat eine dreiviertel Million Klicks und wurde tausendfach geteilt. Zweitens muss ein Video an der richtigen Stelle publiziert, technisch optimiert und anschließend in geeigneter Weise promotet werden. Dann wird es sowohl auf Plattformen wie YouTube als auch in Suchmaschinen gut gefunden.

Wie kann solch ein Szenario konkret aussehen?
Es gibt tolle How-to-Videos zum Thema 'Dachdämmung'. Der User, der auf Google oder auf YouTube nach der Antwort auf die Frage: ‚Wie dämme ich mein Dach?' sucht, wird als erstes auf die Videos mehrerer Baumärkte stoßen, die jeweils eine Anleitung in Bewegtbildern produziert und diese durchdacht verschlagwortet haben. Zusätzlich könnte der Hersteller in der Publikumspresse mit Schwerpunkt Wohnen – etwa dem Magazin „Schöner Wohnen" – einen Artikel oder eine Anzeige zu den How-to-Videos platzieren. Das Video kann über soziale Medien verlinkt und in die eigene Website eingebunden werden.

Wie können Videos in der internen Kommunikation eingesetzt werden?
Gerade in der internen Kommunikation ist Bewegtbild ein tolles Medium. So kann sich der Chef zum Beispiel jeden Freitag per Video an die Mitarbeiter wenden, um zu erzählen, wie die Woche gelaufen ist. Projektgruppen erzählen, was das Ergebnis ihres Projekts sein wird. Neue Verfahren können mit kleinen Erklärfilmen illustriert werden. Der Außendienst kann sich mal von einem Kameramenschen begleiten lassen und den Kollegen inhouse zeigen, wie ein Tag vor Ort beim Kunden aussieht. Auch hier gibt es tausend Möglichkeiten. Wir haben beispielsweise mal einen Film zum möglichen Einsatz von künstlicher Intelligenz im Kundenkontakt bei Banken gemacht. Das Video hat mehr erklärt als jede noch so gut gestylte Powerpoint-Präsentation. Jeder hat verstanden, um was es geht und wie sich der Kunde vielleicht einmal fühlen wird. Da setzt enorme Motivationskräfte frei.

Worauf kommt es beim Schreiben einer Story an?
Nicht für jedes Video muss man eine Story schreiben. Manchmal reicht es, ungefähr zu wissen, was man will und dann einfach die Kamera einzuschalten. Ohnehin geht es bei Bewegtbildkommunikation ja sehr stark um Authentizität. Oftmals kann es dennoch sinnvoll sein, die wichtigsten Punkte aufgeschrieben zu haben. Wo wird welche Szene gedreht, wer kommt darin vor und wer sagt was? Das kann helfen, Spannung aufzubauen, sie zu halten und am Ende zu einer klaren Aussage zu kommen. In jedem Fall ist es immer wichtig, ein klares Ziel zu haben, was mit einem Video erreicht werden soll.

Wie lange dauert die Produktion? Mit welchen Kosten ist in etwa zu rechnen?
Ich frage mich bei Aufträgen immer: Wie erreiche ich das Ziel möglichst unaufwendig? Eine Produktion mit Schauspielern, Locationssuche und Drehbuch ist natürlich viel kostenintensiver als eine kurze Ansprache des Chefs oder das Führen eines kurzen Interviews mit einem guten Kunden. So eine Produktion lässt mitunter innerhalb eines Tages realisieren – mit entsprechend geringen Kosten. Aber wie gesagt: Es geht um das Ziel, dass erreicht werden soll.

11 Videos und Storytelling

Wie werden Videos am besten in die eigene Website eingebunden?
Am besten wird ein Video auf YouTube oder Vimeo publiziert. Man kann dort die Sichtbarkeit einschränken, sodass nur der das Video sieht, der den Link kennt. Solch eine Plattform würde ich auch raten, wenn das Video auf der eigenen Homepage eingebunden werden soll. Denn nur so kann man sicher sein, dass wirklich jeder mit jedem Endgerät das Video sehen kann. Bei selbstgehosteten Videos ist das nicht immer garantiert. Generell gilt: Ein Video muss in die gängigen Informationskanäle der Zielgruppe integriert sein, sonst ist es schneller vergessen als produziert – also bitte keine Videos auf Sticks, DVDs und ähnliches.

Ihr Transfer in die Praxis

- Welchen nutzwertigen Inhalt aus Ihrem Unternehmen könnten Sie in ein Video bringen?
- Legen Sie genau fest, welches Ziel Sie damit erreichen wollen.
- Legen Sie Ihre Scheu ab und versuchen Sie es einfach. Haben Sie keine Angst davor, zu scheitern. Übung macht den Meister.
- Distribuieren Sie Ihre Videos klug über Kanäle und arbeiten Sie darauf hin, mit Ihrem Video viral zu gehen, denn das bringt sehr viel Reichweite und Sympathien.

12
Key-Performance-Indikatoren und Erfolgsmessung

> **Was Sie aus diesem Kapitel mitnehmen:**
>
> - dass Sie alle Kommunikationsmaßnahmen zwingend überprüfen müssen, um weiterhin effizient zu arbeiten;
> - welche möglichen Kennzahlen und Messmethoden es gibt.

Key-Performance-Indikatoren (KPI) legen die Grundlage, um den Erfolg von Kommunikation zu messen – und somit zu überprüfen, ob sich die getroffenen Maßnahmen lohnen. Ebenso wird es möglich, zu erkennen, wo in der Zukunft bestimmte Änderungen notwendig sind, um die Ziele im Zusammenhang zu erreichen.

Kommunikationscontrolling ist verbunden mit der Chance, Erfolge zu dokumentieren. Für Kommunikationsmanager wird es ermöglicht, Ergebnisse aufzuzeigen und damit den Stellenwert von Kommunikation im eigenen Haus zu steigern, um Einfluss auf die Unternehmensstrategie zu gewinnen und höhere Budgets zu erlangen.

Aufgabe eines strategischen Kommunikationscontrollings ist es, die Effektivität des Kommunikationsmanagements zu gewährleisten („Are we doing the right things?"). Hier geht es um die Steuerung und

Bewertung des Kommunikationsmanagements selbst, indem eine gute Prozessqualität sichergestellt wird.

Das operative Controlling zielt auf die optimale Ausschöpfung der durch Kommunikationsmanagement und -strategie geschaffenen Erfolgspotenziale. Auf dieser Ebene steht die Effizienz der Unternehmenskommunikation („Are we doing things right?") im Vordergrund (DPRG 2011).

Die Verantwortlichen in der Kommunikation benötigen dafür eine Reihe von Kompetenzen und Voraussetzungen:

- Grundlegende Kenntnisse der Betriebswirtschaft und des Controlling.
- Managementkreisläufe aus Analyse, Planung, Umsetzung und Evaluation/Kontrolle.
- Marktforschung, Methoden der empirischen Sozialforschung und Statistik.
- Managementfähige Reportingsysteme zur Aufbereitung der Ergebnisse des Kommunikationscontrollings (K-Strategie 2016).

Welche Kennzahlen und KPIs die richtigen sind, ist vom Unternehmen und vom Kommunikationsanlass abhängig. Zu den gängigsten gehören die Zahl der Clippings, Web-Traffic, das Google-Ranking, Likes und Shares, gewonnene Leads sowie Ansichten und Überzeugungen der Zielgruppen.

12.1 Methoden für Messung und Controlling

- **Medienbeobachtung:** Alerts (Print, Online, Hörfunk und TV) sorgen für einen vollständigen Überblick über Medienbeiträge (Clippings). Auch Wettbewerber können getrackt werden.
Details: Spezialisierte Anbieter führen die Recherche entweder händisch mithilfe von Lektoren durch oder elektronisch mithilfe von Suchabfragen. Die Anbieter profitieren von Synergieeffekten, sodass die Suche, die üblicherweise in mehreren Tausend Titeln parallel stattfindet, im Hinblick auf einen Suchbegriff (zum Beispiel den

eigenen Unternehmensnamen) vergleichsweise effizient und kostenschonend durchgeführt werden kann.
- **Medienresonanzanalyse:** Auswertung der Medienbeobachtung, die eine Bewertung und statistische Analyse erlaubt, etwa nach Reichweite, positiver oder kritischer Tonalität oder bestimmten Themen.
  Details: Die Medienresonanzanalyse beinhaltet eine Analyse der Medienbeobachtung über einen längeren Zeitraum. Sie schließt Aspekte wie den Anzeigenäquivalenzwert, Medienarten, Mediengattungen, Personen und Autoren, die Präsenz in Key-Medien, Quellen der Berichtserstattung und Regionen ein. Sie ist kein Produkt von der Stange, sondern wird auf vorab definierte KPIs hin individuell zugeschnitten.
  Die Medienresonanzanalyse legt eine Grundlage, um gezielt an bestimmten Themen zu arbeiten. Und etwa sicherzustellen, dass kritische Themenbereiche künftig besser gesteuert werden.
- **Web Analytics:** Tracking von Website und Page Visits, IP-Adressen
  Details: Analysetools werten Besuche von Homepage und Unterseiten inkl. Besuchsdauer aus. Damit wird die gesamte User Journey deutlich. Analysierbar wird die Quelle („Woher kommen Besucher?"), Browser und Internetprovider.
  Auf Basis von Web-Tracking sind die Optimierung der Website oder die Optimierung von Maßnahmen zur stärkeren Frequentierung von Besuchen möglich. Es wird überprüfbar, inwieweit die mit der Website verbundenen Ziele erreicht werden (z. B. Zahl der Besucher und Seitenaufrufe, Bestellungen, Leadgenerierung, Newsletterabonnements).
- **Social Media Controlling:** Monitoring von Diskussionen, Visits, Kommentaren, Likes
  Details: Soziale Medien werden nach Informationen und Profilen durchsucht, die für ein Unternehmen relevant sind. Hierfür werden Keywords erstellt. Ziel ist es, einen Überblick über aktuelle Themen, Meinungen und Influencer zu gewinnen, die im Hinblick auf das eigene Unternehmen von Bedeutung sind. Dazu kann auch die Evaluation der Stimmen etwaiger Kritiker sowie die Aktivitäten des Wettbewerbs gehören (Onlinemarketing Praxis 2018).

12.2 Weitere Kennzahlen und Messmethoden

Neben den oben genannten gibt es zudem noch weitere Ansätze, wie Sie den Erfolg Ihrer Maßnahmen überprüfen können:

- Auswertung von Verkaufszahlen
- Zahl der gewonnen Leads in einem bestimmten Zeitraum
- Online- oder Direktbefragungen der Zielgruppen im Hinblick auf deren Ansichten und Überzeugungen (sinnvoll insbesondere in Verbindung mit einer Nullmessung)
- Zahl der Downloads von Content Pieces wie etwa Whitepapers
- Zahl der Newsletterabonnenten
- Elaboriertere Messmethoden auf Basis der Balanced Scorecard
- Budgets: Hier ist der Return on Investment (ROI) in Verbindung mit der Effizienz von Maßnahmen zu qualifizieren. Ebenso sind Kosteneinsparungen zu bewerten.

Controlling in der internen Kommunikation
Auch die interne Kommunikation sollte akribisch beobachtet und ausgewertet werden, zum Beispiel in Form von:

- Web-Tracking (Intranet)
- Auswertung von Kommentaren in Social-Intranet oder Collaboration-Plattformen
- Online- oder Direktbefragungen

Ihr Transfer in die Praxis

- Definieren Sie KPIs für Ihr Unternehmen und gehen Sie sicher, dass auch alle Beteiligten dasselbe darunter verstehen.
- Controllen Sie regelmäßig Ihre KPIs und hinterfragen Sie je nach Maßnahme, ob diese nicht angepasst werden müssen.

Literatur

DPRG. (Juli 2011). Positionspapier Kommunikations-Controlling. http://www.communicationcontrolling.de/fileadmin/communicationcontrolling/sonst_files/Positionspapier_DPRG_ICV.pdf. Zugegriffen: 29. Juni 2018.
K-Strategie. (14. Dez. 2016). Kommunikationscontrolling: Ausblick für 2017. https://kstrategie.com/2016/12/14/kommunikationscontrolling-ausblick-fuer-2017/. Zugegriffen: 29. Juni 2018.
Online Marketing Praxis. (2018). Definition Social-Media-Monitoring. https://www.onlinemarketing-praxis.de/glossar/social-media-monitoring. Zugegriffen: 5. Juli 2018.

13

Weitere Kommunikationsformate

> **Was Sie aus diesem Kapitel mitnehmen:**
>
> - dass der persönliche Kontakt zum Kunden wichtig ist und warum Veranstaltung ein Teil einer Content-Strategie sein können;
> - was Serviceplattformen sind;
> - was Chatbots können und wo die Risiken liegen.

13.1 Veranstaltungen und Live-Kommunikation

Der persönliche Kontakt hat mit der Digitalisierung nicht an Bedeutung verloren. Vielmehr spielen Veranstaltungen für Unternehmen auch heute eine entscheidende Rolle, wenn es darum geht, Botschaften zu vermitteln und Kommunikationsziele zu erreichen. Insbesondere in Kombination mit anderen Kanälen haben sie eine starke Wirkung: Sie helfen, eine Marke emotional zu stärken und Informationen zu vermitteln. Insbesondere kreative Elemente erhöhen die Wiedererkennung und damit den Markenwert. Um nachhaltige, messbare Ergebnisse zu erzielen, empfehlen sich langfristige und nachhaltige Programme, die in Kommunikationskonzepte eingebunden werden.

„Gerade im digitalen Zeitalter entfalten Veranstaltungen ihre Wirkung"

Veranstaltungen entfalten ihre Wirkung in Kombination mit anderen Kommunikationskanälen und helfen beim Markenaufbau ebenso wie bei der Vermittlung von Informationen. Gerade im digitalen Zeitalter sind sie von hoher Bedeutung, so René Proske, Geschäftsführer der Proske GmbH, einer der Top-12-Veranstaltungsagenturen in Deutschland mit rund 100 Mitarbeitern und vier Standorten in Deutschland und den USA.

René, welche Bedeutung haben Veranstaltungen heute für die Kommunikation?
Mit der rapide gestiegenen Bedeutung digitaler Plattformen hat sich Mediennutzung stark verändert. Der persönliche Kontakt mit Kunden, Partnern und Mitarbeitern ist aber gerade im B2B-Bereich nicht zu ersetzen. Unternehmen können ihre Zielgruppen auch heute nirgends so zielgenau erreichen wie durch Veranstaltungen und Meetings. Diese schaffen unmittelbare Erlebnisse, erlauben interaktiven Austausch und ermöglichen es, Themen und Produkte live vorzustellen. Wir stellen daher fest, dass die Nachfrage nach Meetings & Events (M&E) im digitalen Zeitalter noch zunimmt. Das unterstreichen auch mehrere Studien.[*]

Welche Auswirkungen hat das im Hinblick auf Kampagnen?
Es geht darum, über einzelne Touchpoints hinaus zu denken. So kann etwa eine einzelne Veranstaltung zunächst wenig bewirken. Vielmehr stehen mittel- bis langfristige Marketingstrategien im Mittelpunkt und diese benötigen aufeinander abgestimmte Botschaften. Diese werden über die verschiedenen Kanäle hinweg, ziegruppenspezifisch, bespielt. Veranstaltungen sollten dabei wesentliche, aber nicht die einzigen Formate darstellen. Elemente und Inhalte aus verschiedenen Disziplinen wie klassischer Werbung, Onlinekommunikation, Public Relations und Veranstaltungen ziehen sich im Idealfall wie ein roter Faden durch alle Aktivitäten, um ihre Wirkung wechselseitig zu verstärken und die Zielgruppen überzeugend anzusprechen.

Wie hat die Digitalisierung das Veranstaltungsmanagement verändert?
Veranstaltungen und digitale Kanäle verzahnen sich immer mehr und erlauben es, Kontaktpunkte mit Zielgruppen zu optimieren. Dabei ermöglichen Plattformen schon im Vorhinein den Austausch zwischen Teilnehmern und erleichtern die Vorbereitung. Apps begleiten Events, indem relevante Informationen zur Verfügung gestellt oder Live-Umfragen durchgeführt werden. Auch im Nachgang erleichtern es Plattformen, in Kontakt zu bleiben. Das gilt sowohl für Teilnehmer

untereinander als auch für Veranstalter und ihre Zielgruppen. Darüber hinaus verbessert die Digitalisierung viele Prozesse erheblich – ob es um die Registrierung geht oder um die weitere Verarbeitung von Daten, etwa über Schnittstellen zu ERP-Systemen.

*Einer 2016 durchgeführten Studie des FAMAB Kommunikationsverbands zufolge erwarten 27 % der Entscheider in Deutschland ein Wachstum der Live-Kommunikation. Dagegen gehen nur 13 % von einer rückläufigen Bedeutung aus. Im Bereich der klassischen Werbung stellt sich die Situation genau entgegengesetzt dar: Hier sehen rund 35 % der Befragten eine rückläufige Bedeutung, lediglich 5 % erwarten eine Zunahme (FAMAB 2016).

13.2 Service-Platform-Management

Moderne Kommunikation umfasst einen interaktiven Austausch von Informationen und Botschaften. Es geht darum, dort zu sein, wo der Kunde gerade steht – und ihm das zu geben, was für ihn in der jeweiligen Situation relevant ist. Genau das bedeutet Customer Experience. Digitale Serviceplattformen machen ganz neue Formen möglich und werden zu einem Schlüssel. Wenn Kunden die Möglichkeit haben, aktuelle Entwicklungen und Übersichten „on demand" auf ihren Desktop oder ihre Mobilgeräte abzurufen, schaffen Sie ein echtes Kundenerlebnis.

Beispiele

Für Amazon steht ein hervorragendes Kundenerlebnis im Mittelpunkt. Die Plattform ermöglicht stets einen Überblick über sämtliche Prozesse, der User kann sie außerdem proaktiv steuern.
Die Plattform vernetzt verschiedene Akteure: Neben Amazon selbst treten Dritthändler auf. Und User sind in die Kommunikation eingebunden – sie können Angebote und Käufe bewerten. Ob Desktop, Tablet oder Smartphone: Die User Experience bleibt dabei über sämtliche Geräte hinweg dieselbe.
Hinzu kommt – im Sinne eines Customer Experience Management – analog ein guter telefonischer Service.
Plattformen wie Amazon gibt es auch in anderen Bereichen: Zum Beispiel bieten Versicherer solche digitalen Angebote an, über die der Kunde sämtliche Vorgänge steuern kann. Auch im B2B gibt es immer mehr Anbieter, die ihren Kundenservice maßgeblich auf Plattformen abwickeln. Der User hat dabei immer die Kontrolle über alle Vorgänge.

Generell sollten die Ansprüche des Kunden und das Kundenerlebnis in das Design und den Versand von Mitteilungen einfließen. Entscheidend ist es, den Kunden Teil jeder Entwicklung und Entscheidung werden zu lassen. In welcher Form das stattfindet, ist im jeweiligen Einzelfall zu betrachten. Welche Features sind es, mit dem Sie Ihre Kunden begeistern? Diese Frage muss immer individuell beantwortet werden.

Plattformen für das Customer Communications Management (CCM) bieten tolle Möglichkeiten, das Kundenerlebnis zu verbessern, alle Punkte auf der Kundenreise einzubinden und auf diese Weise dem wachsenden Kommunikationsbedarf gerecht zu werden. Eine optimierte mobile Unterstützung sowie die Integration in das automatisierte Marketing und in digitale Erlebnisplattformen versprechen die bestmögliche Umsetzung.

13.3 Messenger und Chatbots

Haben Sie schon einmal mit Siri, Alexa oder Cortana gesprochen? Gratulation, dann haben Sie bereits erste Erfahrung mit einem Chatbot gesammelt. Eine Erfahrung, die Sie mit vielen Konsumenten teilen. Jeder vierte Bundesbürger kann sich vorstellen, Chatbots zu nutzen (Bitkom 2017).

Insbesondere unter jüngeren Leuten ab der Generation Y – diejenigen, die ab Mitte der 1980er-Jahre geboren sind – sind E-Mail und Telefon tendenziell wenig beliebt. Diese Generation, die je nach Quelle auch als Millenials oder Digital Natives bezeichnet wird, zieht Kommunikation via Chats und Messenger den „herkömmlichen Kommunikationsformen" vor. Spätestens wenn ein erheblicher Anteil der Zielgruppen zur Generation Y oder der darauf folgenden Generation Z gehört, sollten Unternehmen sich mit dem Gedanken tragen, ob und wie sie Messengerdienste und Chatbots in die Kundenkommunikation einbinden können – auch im B2B. Aber auch immer mehr Nutzer in den vorhergehenden Generationen wissen die Kommunikation via Chat und Messenger zu schätzen.

13.3.1 Chancen von Chatbots

13.3.1.1 Überblick

Für Unternehmen bieten Chatbots eine Reihe an Vorteilen – insbesondere im Hinblick auf den Kundenservice und die Customer Experience:

- Bots sind in der Lage, dem Kunden 24/7 mit Auskunft und Informationen zur Verfügung zu stehen. Damit wird die Kundenerfahrung verbessert.
- Mithilfe Künstlicher Intelligenz (KI) wird es möglich, einen menschlichen Dialog abzubilden und zumindest standardisierte Fragen adäquat zu beantworten.
- Bots machen durch die Auswertung von Nutzerdaten und die intelligente Analyse von Chatverläufen detaillierte Kundenanalysen möglich.
- Der Bot bietet eine nahtlose User Experience (UX) auf sämtlichen Geräten. Damit ist über mobile Smartphones und Tablets derselbe Service gewährleistet wie über Desktop oder Notebook.

Unter ökonomischen Gesichtspunkten stehen unter dem Strich die Senkung von Personalkosten und die Entlastung von Servicemitarbeitern im First-Level-Support. KI-Software ermöglicht es darüber hinaus, die Performance des Bots selbst zu überwachen.

Allerdings ist die Einführung eines Chatbots keine Angelegenheit, die „einfach mal so nebenbei" abgewickelt werden kann. Denn Standardlösungen sind in diesem Fall die schlechteste Variante. Stattdessen sollten Sie darauf achten, dass Sie ein System einführen, das zu Ihrem Unternehmen und Ihrer Corporate Identity passt.

Als „virtueller Mitarbeiter" repräsentiert der Bot mit seiner „Persönlichkeit" Ihr Unternehmen – genauso, wie das Ihre wirklichen Mitarbeiter tun. Dementsprechend sollte er auf Ihren Bedarf und den Ihrer Kunden hin programmiert werden, damit er professionell und authentisch agiert.

Optional können Sie prüfen, ob Ihr Bot nicht nur als reiner „Text-Bot" agiert, sondern mit einem Avatar – einer virtuellen Grafikfigur – verknüpft wird.

13.3.1.2 Einsatzbereiche in B2C und B2B

Damit ein Chatbot den gewünschten Mehrwert bringt, sind somit zunächst die Anforderungen in Form von KPIs genau zu definieren. Daraus resultierend ist zu entscheiden, in welcher Form ein Bot implementiert werden soll.

Chatbots unterstützen beispielsweise als Versicherungsmakler, als Styleberater für Fashion oder als Vermittler von Flugreisen. Via Chatbots beantworten Sie Servicefragen („Wo bleibt meine Lieferung"?), liefern Produktinformationen („Ist die Jeans in Größe 34 verfügbar"?) und leisten Serviceanforderungen („Zeige mir rote Damenschuhe" oder „Ich hätte gerne ein Upgrade in die Business Class").

Somit sind Chatbots als Variante eines Kontaktformulars einsetzbar, das auf Fragen des Nutzers reagiert. Vorteil ist die Möglichkeit einer sofortigen Antwort in Echtzeit.

Bislang werden Bots in erster Linie im B2C eingesetzt – aber auch im B2B gibt es zahlreiche Einsatzszenarien. Es ist davon auszugehen, dass es hier schon in Kürze Anwendungsbeispiele geben wird. Zum Beispiel können Bots im B2B eine ideale Variante darstellen, um den Service zu verbessern und vorhandene Ressourcen zu entlasten. So sind sie in der Lage, etwa Sales- und Supportteams zu ergänzen.

Ebenso ist im unternehmensinternen Bereich die Palette der Möglichkeiten von Chat-Kommunikation außerordentlich groß. Wenn Mitarbeiter etwa ihre neuen Visitenkarten im Rahmen einer schnellen Bestellung mittels Chatbot bei der Marketingabteilung ordern, spart das Zeit und Aufwand gegenüber manuellen Vorgängen.

13.3.2 Technische Varianten und Implementierung

Als technikbasierte Dialogsysteme, die mit Menschen kommunizieren können, greifen Chatbots auf eine Datenbank zurück, die Antworten und Erkennungsmuster beinhaltet. Dabei werden Textbausteine in ihre „Einzelteile" zerlegt – sie können nach vorgegebenen Regeln bearbeitet werden.

Von einem technischen Standpunkt gesehen kann man sich bei einem Chatbot somit ein klassisches Wenn-Dann-Prinzip vorstellen, wie es in der Programmierung basales Prinzip ist. Wird dem Bot eine Nachricht geschickt, ist diese anschließend von diesem zu verarbeiten. Es ist an Ihnen, zu definieren: Welche Antworten soll der Bot auf bestimmte Frage geben?

Chatbots können entweder als Chat auf Ihrer Website zum Einsatz kommen oder auf externen Plattformen eingebettet werden – zum Beispiel dem Facebook Messenger, WhatsApp oder Telegram.

Dies ist möglich, nachdem Facebook vor einiger Zeit die Programmierschnittstelle (Application Programming Interface, API) des Messengers für kommerzielle Zwecke geöffnet hat.

Was grundsätzlich möglich ist, offenbart ein Blick nach China: Dort dominiert der WeChat Messenger den Markt – und bietet zahlreiche Möglichkeiten, die den Alltag erleichtern. So können Anwender zum Beispiel Arzttermine vereinbaren oder ihr Online-Banking erledigen. Ebenso ist Online-Shopping möglich.

Ob Sie das auf Ihrer Website machen oder ob Sie „fremde Systeme" wie den Facebook Messenger dafür nutzen, in jedem Falle sind chatbot-taugliche Schnittstellen zu implementieren.

13.3.3 Stolperfallen

13.3.3.1 Ressourcen

Mit der Einführung eines zusätzlichen Services ist damit zu rechnen, dass dieser auch frequentiert genutzt wird. Somit ist von einer erhöhten Zahl an Nutzerfragen auszugehen. Dies gilt auch für Sondersituationen wie zum Beispiel Lieferengpässe, im Zuge derer Kunden auf eine Sendung warten, oder für andere Szenarien, die für Ärger bei Kunden sorgen.

Damit verbunden ist ein erhöhter Informationsbedarf, der die Zahl der Anfragen unter Umständen rapide steigen lässt.

Der Bot muss somit technologisch so implementiert werden, dass er ein steigendes Anfragevolumen auch kurzfristig bewältigen kann.

13.3.3.2 Antwortqualität

Beim Einsatz eines künstlichen Assistenten auf der Webseite sollten Sie darauf achten, dass die Antwortqualität stimmt und Sie ihre Kunden somit wirklich bei Fragen unterstützen. Unbefriedigende Antworten können vor allem bei Interessenten dazu führen, dass das Interesse an Ihrem Unternehmen verloren geht und bei einem Wettbewerber nach einer besseren Antwort gesucht wird.

Kein Bot wird in der Lage sein, alle eingehenden Kundenanfragen zufriedenstellend zu beantworten. Das ist zum heutigen Zeitpunkt offensichtlich und es ist davon auszugehen, dass sich daran zumindest mittelfristig nichts Gravierendes ändern wird. Aber Sie sollten unbedingt ein Szenario für solche Fälle entwerfen.

Zunächst ist der Bot so zu programmieren, dass er selbst erkennt, wenn er „überfordert" ist. Sie sollten definieren, was dann passiert. Zum Beispiel werden Anfragen dann an einen Servicemitarbeiter im Second-Level-Support weitergeleitet und der User wird darüber entsprechend informiert.

Auch hier ist zu gewährleisten, dass die entsprechenden personellen Ressourcen vorhanden sind. Unternehmen sollten es in jedem Fall vermeiden, Kunden längere Zeit in Hotlines warten zu lassen.

Alternativ kann dem User auch empfohlen werden, seine Frage an eine Community zu stellen – sofern eine solche vorhanden ist. Allerdings wird dies in vielen Fällen nicht für Kundenzufriedenheit sorgen.

13.3.4 Probleme und Kritik im Zusammenhang mit Chatbots

Die Vorstellung, Teile des Kundenservices an Chatbots auszulagern und damit interne Ressourcen zu entlasten, ist verlockend. Häufig gibt es jedoch eine Diskrepanz zwischen dem Wunsch von Unternehmen und der Realität der Kunden.

Echter Kundenservice geht auf individuellen Anspruch ein und soll menschlich sein – gerade auch in der Digitalisierung. Es geht um Problemlösungen, Emotionen und Bindung. Experten wenden ein, dass gerade hier Künstliche Intelligenz keinen Sinn macht (Horizont online 2018). Denn Chatbots antworten automatisiert – schon bei ein wenig komplexeren Konstellationen werden sie nach aktuellem Stand häufig noch nicht in der Lage sein, die Dimension einer Kundenanfrage im Detail aufzunehmen und eine zugeschnittene Antwort zu geben. Wer über die Einführung eines Bots nachdenkt, sollte dies bei seiner Entscheidung unbedingt berücksichtigen.

Es bleibt abzuwarten, wie schnell die technologische Entwicklung voranschreitet und inwieweit der Einsatz über kurz oder lang nochmals wesentlich auszuweiten ist.

Die Frage ist an dieser Stelle, wie schnell es Entwicklern gelingt, eine menschlich wirkende und natürlich-sprachliche Interaktion so abzubilden, dass intelligenter Dialog gelingt und die Wünsche des Users im machbaren Rahmen erfüllt werden. Das ist bislang nur punktuell möglich.

Dennoch können Bots auch heute schon sinnvoll sein – in erster Linie da, wo es um allgemeine Informationen oder um standardisierte Vorgänge geht. Sie können außerdem einen Erstkontakt übernehmen, um an den richtigen Ansprechpartner im First- oder Second-Level-Support weiterzuleiten.

Bots entlasten punktuell, bringen schnelle Information und können zum Beispiel dafür sorgen, dass User eine Website nicht lange durchforsten müssen auf der Suche nach Informationen. Vielmehr werden diese per Sprachausgabe präsentiert.

Wer die Realität im Blick hat und den User dabei nicht aus dem Blick verliert, kann auch heute bereits von Chatbots profitieren.

Ihr Transfer in die Praxis

- Prüfen Sie, ob ein Live-Event für Ihr Unternehmen eine sinnvolle Maßnahme wäre und wägen Sie Kosten und Nutzen ab.
- Informieren Sie sich über Chatbots und den Zeitaufwand sowie die Kosten, die hinter einer Implementierung stecken. Vielleicht ist ein Chatbot für Ihre Zielgruppe sinnvoll.

Literatur

Bitkom. (18. Jan. 2017). Bitkom: Jeder Vierte will Chatbots nutzen. https://www.bitkom.org/Presse/Presseinformation/Jeder-Vierte-will-Chatbots-nutzen.html. Zugegriffen: 29. Juni 2018.

FAMAB RESEARCH. (März 2016). FAMAB RESEARCH: Die Zukunft des Marketing – Kommunikationsstudie 2015. http://famab.de/blog/wp-content/uploads/2016/04/FAMAB_Research_2015_Bericht.pdf. Zugegriffen: 11. Juli 2018.

Horizont online. (13. Mai 2018). Horizont online: Chatbots sind kompletter Unsinn. http://www.horizont.net/tech/nachrichten/KI-Pionier-Chris-Boos-Chatbots-sind-kompletter-Unsinn-166930. Zugegriffen: 29. Juni 2018.

14

Zukunft der digitalen B2B-Kommunikation

> **Was Sie aus diesem Kapitel mitnehmen:**
>
> - wie wichtig Emotionen und Vertrauen für Ihre Kunden sind;
> - dass Sie den direkten Kundenkontakt auf Onlinekanäle erweitern sollten;
> - dass Sie KPIs regelmäßig überprüfen sollten.

Die Entwicklung der Kommunikation war in den vergangenen Jahren rasant und disruptiv. Während noch vor einigen Jahren viele Unternehmen davon ausgingen, dass klassische Anzeigen ausreichen, um Kunden zu erreichen, hat sich die Situation heute völlig verändert. Erfolgreiches Customer Experience Management umfasst inzwischen alle oder zumindest zahlreiche Touchpoints entlang der Customer Journey.

Welche Aspekte werden in Zukunft im Mittelpunkt stehen, wenn es um Kundenbeziehung im B2B geht?

14.1 Vertrauen

Vertrauen ist für die Kundenbeziehung im digitalen Zeitalter so wichtig wie nie – und vereinfacht die Interaktion deutlich. Dieser Faktor wird künftig noch stärker als heute über Investitionen und Partnerschaften entscheiden. Eng damit verknüpft ist das Thema Customer Journey, denn gerade am Anfang ist es wichtig, positive Kontaktpunkte zu schaffen. Das gelingt klassischer Marketingkommunikation kaum noch. Hier ist ein mehrstufiger Content-Marketing-Ansatz notwendig.

Dieser muss sich auch im Laufe einer Kundenbeziehung bewähren. Denn wer heute nicht überzeugt, wird morgen ausgewechselt. Das Internet ermöglicht kurze Wege und eine schnelle Suche nach Alternativen.

Verlängern Sie den direkten Kundenkontakt auf Onlinekanäle und erhöhen Sie damit das Vertrauen Ihrer bestehenden Kunden und Ihrer gewonnenen Leads.

14.2 Emotional Experience – auch im B2B

Im B2B kauft kaum jemand ein reines Produkt oder eine bloße Dienstleistung. Investitionen haben fast immer mit Partnerschaft zu tun. Der Aufbau von Vertrauen hat auch im sachlich orientierten B2B-Bereich eine emotionale Komponente und beginnt schon mit den ersten Touchpoints. Content in Form von Social-Media-Posts haben eine ebenso positive Wirkung wie überzeugende Blogbeiträge. Eine besondere Strahlkraft haben nach wie vor Gastbeiträge in relevanten Fachmedien, online wie in Printmagazinen.

Auch der initiale Besuch auf der Website spielt eine große Rolle – auch aus diesem Grund ist es so wichtig, hier mit einem attraktiven responsiven Internetauftritt zu überzeugen und idealerweise Storytelling-Elemente einzubinden.

Die Kundenreise setzt sich fort über Punkte wie ein erstes Angebot und Startprojekte bis zu einer langfristigen Zusammenarbeit.

Überall spielen Emotionen eine Rolle – achten Sie darauf im direkten Kundenkontakt wie bei eher beiläufigen Touchpoints.

14.3 Plattformen statt Pipelines

Ein Produkt in den Markt zu treiben, das kann funktionieren – wenn es ein vollumfänglich perfektes Angebot ist. In komplexen Industrien lassen sich der konkrete Bedarf und das Interesse potenzieller Kunden jedoch nicht immer genau vorhersagen. Stattdessen empfiehlt es sich, bestehende und neue Kunden an der Entwicklung von Produkten und Services zu beteiligen.

Plattformen und Communitys gewinnen hier immer mehr an Bedeutung: Hier können sich Experten austauschen und im Rahmen eines Crowdsourcing ihr Wissen und ihre Einschätzung einbringen. Davon profitieren beide Seiten – man wächst zusammen, das Vertrauen steigt. Im Idealfall können Unternehmen darüber hinaus sogar ihre Entwicklungskosten senken.

Plattformen helfen aber nicht nur im direkten Austausch mit Experten und Partnern. Vielmehr werden sie auch in der täglichen Interaktion mit Kunden immer wichtiger. Mit ihnen verbunden ist die Chance auf dialogische Kommunikation zwischen verschiedenen Akteuren – bei Bedarf in Echtzeit.

Wissen wird wesentlich schneller verfügbar als das über Kanäle wie E-Mail möglich ist.

Ebenso spielen Plattformen in der internen Kommunikation und in der Interaktion mit eigenen Mitarbeitern eine wichtige Rolle.

One-way-Channel-Kommunikation (Pipelines), im Rahmen derer nur eine Seite als Sender fungiert, wird immer mehr an Bedeutung und Beliebtheit verlieren.

14.4 Steuerung und vernetztes Arbeiten

Mit der Implementierung einer Content-Strategie verändert sich die Arbeitsweise für Kommunikationsverantwortliche grundlegend. Content steht künftig im Mittelpunkt. Prozesse sind neu zu strukturieren und Rollen werden neu zugewiesen.

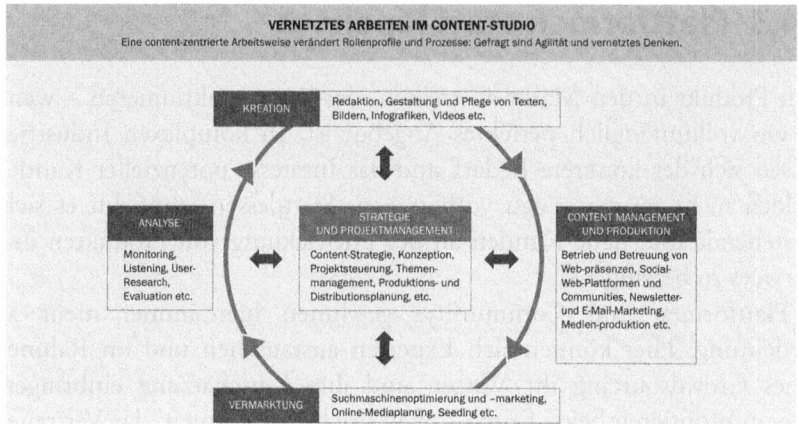

Abb. 14.1 Rollenprofile und Prozesse sind neu zu strukturieren. (Quelle: Script Corporate+Public Communication GmbH, www.script-com.de)

Über Marketing und Kommunikation hinaus sind Fachabteilungen und Führungskräfte einzubeziehen. Der damit verbundene Change-Prozess muss intensiv gesteuert werden und bedarf seinerseits einer zielgenauen Kommunikation (s. Abb. 14.1).

14.5 Messbarkeit und Evaluation

Jede gute Zusammenarbeit lebt vom Erfolg. Spätestens an dieser Stelle genügt das reine Bauchgefühl nicht mehr. Ein Eckstein für Vertrauen ist daher die Definition von Zielen anhand von individuellen Key-Performance-Indikatoren (KPIs) und die Evaluation der Resultate von Kommunikationsmaßnahmen.

Mit der digitalen Transformation ist die Bestimmung von KPIs in vielen Fällen komplexer geworden. Es gilt somit künftig, genau die Kriterien zu identifizieren, die für die Ansprache Ihrer potenziellen Kunden wichtig sind und dabei zwischen qualitativen und quantitativen KPIs so zu gewichten, dass ein klares Bild entsteht.

Im Laufe der Zusammenarbeit ist es wichtig, die Ziele weiter zu justieren. Auch „softe Faktoren" wie der Grad an Vertrauen gewinnen im Hinblick auf Kennzahlen an Bedeutung.

Es ist anhand qualitativer Messmethoden zu prüfen, wie Content-Angebote bei den Zielgruppen ankommen und inwieweit diese Entscheidungsträger wirklich überzeugen.

Mit der digitalen Transformation sind wesentlich mehr Kontaktpunkte entstanden – deren Effekte einzeln auszuwerten ist immer schwieriger. Jedoch sollten Stichproben erfolgen, die ein klares Gesamtbild schaffen.

Dienstleister müssen sich anhand klarer Kriterien messen lassen. Dazu gehört insbesondere der zu schaffende ROI.

Ihr Transfer in die Praxis

- Entwickeln Sie ein Szenario, wie Ihre Kommunikation in genau zehn Jahren aussehen könnte.
- Unterschätzen Sie niemals den Faktor „Vertrauen"

15

Personelle Ressourcen: So stellen Sie sich in Zukunft optimal auf

> **Was Sie aus diesem Kapitel mitnehmen:**
>
> - wie Sie die „Make-or-Buy-Entscheidung" treffen;
> - mittels Test ein Gefühl dafür, ob Sie die richtigen Beratungspartner gefunden haben.

Digitale Kommunikationsmaßnahmen und insbesondere Content Marketing sollen Ihrem Unternehmen helfen, mit überschaubaren Budgets eine starke Wirkung zu erzielen. Gerade für kleine und mittelständische Firmen (KMU) resultiert daraus die Chance, neue Kunden zu adressieren und Leads zu generieren. Die Frage ist nun, wie Sie sich optimal aufstellen, wenn Sie Ihr Investment in Kommunikation verstärken wollen. Was spricht dafür, einen definierten Teil der Kommunikation in die Hände eines Dienstleisters zu legen – und welche Gründe gibt es, das Thema besser im eigenen Haus zu belassen? Außerdem: Wer ist im Falle einer externen Lösung der richtige Partner?

15.1 Outsourcing oder Inhouse-Lösung

Outsourcing oder Inhouse-Lösung: Diese Entscheidung hängt immer von den Zielen und Ihrer Situation ab. Haben Sie genügend Ressourcen inhouse? Oder ist zusätzliche, spezifische Unterstützung sinnvoll?

Der genaue Bedarf entscheidet im Falle einer externen Lösung auch bei der Frage nach dem am besten passenden Dienstleister. Für Konzerne ist häufig die Zusammenarbeit mit einer großen Agentur sinnvoll – etwa, wenn kreative Kampagnen mit einer großen Breitenwirkung im Endkundensegment gefragt sind. Spezialisierte kleinere und mittelständische Unternehmen (KMU) profitieren dagegen oft, wenn sie auf freie Berater oder eine kleine PR-Agentur mit rund einem bis fünf Mitarbeitern setzen, die ihr Handwerk versteht (Tab. 15.1).

Die Entscheidung für die am besten passende Lösung hängt maßgeblich von den folgenden Faktoren ab:

- **Spezialisierung und Nische:** Je höher der Spezialisierungsgrad, desto schwieriger wird es, den richtigen Experten zu finden. Entscheidend sind neben dem nötigen Fachwissen auch die richtigen Medienkontakte. Häufig können freie Berater und kleine Agenturen gerade hier ihre Vorteile ausspielen. Wenn sie in definierten Feldern tätig sind und somit über hohe Kompetenzen in bestimmten Bereichen sowie über einen guten Draht zur relevanten Fachpresse verfügen, ist der Wirkungsgrad sehr hoch.
- **Kommunikationsbedarf und -volumen:** Haben Sie ein sehr hohes Volumen an Kommunikation in vielen verschiedenen Feldern, brauchen Sie entsprechende Ressourcen und Strukturen. In diesem Fall ist es meist sinnvoll, einen Mitarbeiter einzustellen oder auf eine große Agentur zu setzen. Ist Ihr Bedarf dagegen auf genau definierte Bereiche etwa im Bereich Pressearbeit oder Onlinekommunikation zugeschnitten, ist eine kleine Agentur oder ein freier Berater in vielen Fällen die bessere Wahl.
- **Budgets:** Auch wenn es auf den ersten Blick anders erscheint: Eine interne Lösung durch einen zusätzlichen Mitarbeiter ist meistens die teuerste Variante. Kosten entstehen nicht nur für das monatliche

Tab. 15.1 Outsourcing oder Inhouse-Lösungen?

	Inhouse-Lösung	Kleine Agentur	Große Agentur
Klar definierter, abgegrenzter Bereich (z. B. Fachpressearbeit oder ein Blog)		x	
Hohe Themenspezialisierung		x	
Sehr großes Kommunikationsvolumen	x		x
Persönlicher Service und Kontakt spielen eine große Rolle	x	x	
Große Budgets stehen zur Verfügung	x		x
Aus überschaubaren Budgets soll der optimale ROI gemacht werden		x	
Hohe Ergebnisorientierung		x	x
Hoher Bedarf an Flexibilität		x	x
Hohes Krisenpotenzial erfordert kontinuierliche Stand-by-Zeit	x		x
Antworten auf kritische Anfragen können innerhalb der üblichen Arbeitszeiten vorbereitet werden	x	x	x

Gehalt, sondern auch für Lohnnebenkosten und für den Arbeitsplatz mit PC und Ausstattung. Zwar steht der eigene Mitarbeiter – außerhalb von Urlaub und Krankheitszeiten – grundsätzlich immer zur Verfügung. Kostengünstiger sind jedoch fast immer Agenturen mit einer opportunen Kostenstruktur. Lohnen wird sich der feste Mitarbeiter, wenn Sie einen hohen Umfang von verschiedenen Aktivitäten umsetzen möchten und damit koordinative Tätigkeiten einhergehen.

- **Bedarf an Flexibilität:** Will ein Unternehmen frischen Wind in die Kommunikation bringen, wird ein Account neu ausgeschrieben. Bei Bedarf kann eine neue Kommunikationsagentur gesucht werden. Dies ist bei angestellten Mitarbeitern nicht möglich. Zwar sind

eigene Mitarbeiter immer am nächsten dran und stets greifbar. Dafür sinkt der Flexibilitätsgrad für die Firma.
- **Serviceerwartung und persönlicher Kontakt:** Für Agenturen mit einem kleinen Team hat der persönliche Bezug in der Regel höchste Priorität. Das gilt auch für den Service, den sie garantieren wollen. Auch bei eigenen Mitarbeitern ist – im Idealfall – von einer hohen Serviceorientierung auszugehen. In großen Agenturen hingegen wechseln sowohl der Ansprechpartner als auch diejenigen, die Kommunikation operativ umsetzen, tendenziell öfter.
- **Krisenprävention:** Haben Sie häufig kritische Medienanfragen oder stehen Sie in sozialen Netzwerken regelmäßig in der Kritik, muss stets ein Ansprechpartner zur Verfügung stehen – im Zweifelsfall auch am Wochenende. Dafür braucht es Experten, die quasi im Stand-by-Modus bereitstehen. Hier kommen wiederum große Agenturen oder eigene Mitarbeiter infrage. Betroffen von solchen Szenarien sind überwiegend Konzerne oder Unternehmen, die in einem von der Öffentlichkeit kritisch beäugten Umfeld tätig sind. Wer sich dagegen nur wenigen Kommunikationsrisiken gegenübersieht, wer auf frühzeitige Krisenprävention setzen kann und somit in der Regel genug Zeit hat, auf kritische Anfragen zu reagieren, ist mit einem externen Experten oder einer kleinen Agentur gut beraten.

15.2 Den richtigen Partner finden: Machen Sie den Test

Die Wahl einer Kategorie ist das eine. Die Entscheidung für einen Dienstleister bzw. einen Berater noch mal etwas anderes. Hier kommt es darauf an, den Partner zu finden, von dem Sie überzeugt sind. Überzeugt, dass Sie gemeinsam die Ergebnisse erreichen, die für Sie wichtig sind.

Zunächst sollten Sie für sich selbst die wichtigsten Parameter prüfen:

- Im Mittelpunkt steht die Frage, für welche konkreten Leistungen die Agentur oder der Berater beauftragt werden sollen? Wie lautet die Aufgabenstellung? Was wird intern abgewickelt und welche Aufgaben soll die Agentur genau übernehmen (und welche nicht)?

15 Personelle Ressourcen: So stellen Sie sich in Zukunft optimal auf

- Welches Budget steht zur Verfügung? Welche Leistungen erwarten Sie dafür?
- Welche Erwartungshaltung haben Sie und Ihr Management an die Agentur? Was ist Ihnen besonders wichtig und worauf legen Sie wert?

Die folgende Bewertungsskala will Ihnen dabei helfen. Vergeben Sie pro Frage jeweils Punkte von null (0) bis fünf (5):

- 5 = in vollem Umfang der Fall
- 1 = überhaupt nicht der Fall

Kontakt mit der Agentur/dem Berater
• Fragt die die Agentur/der Berater nach Ihren Zielen?   Ihre Punktzahl: ___   • Wird skizziert, wie Ihre Ziele effizient erreicht werden können?   Ihre Punktzahl: ___   • Orientiert sich die Agentur an Ihrem Business und Ihrem Unternehmen (versus: Stellt die Agentur in der Präsentation sich selbst in den Mittelpunkt)?   Ihre Punktzahl: ___   • Kümmert sich Ihr (potenzieller) Partner proaktiv um Ihre Anliegen?   Ihre Punktzahl: ___   • Bietet Ihnen die Agentur ein Pilotprojekt oder einen anfänglich befristeten Vertrag an, sofern Sie dies wünschen?   Ihre Punktzahl: ___

Kompetenzen in Content-Strategie und -Erstellung
• Verfügt die die Agentur über Kompetenz in der Content-/Themenentwicklung?   Ihre Punktzahl: ___   • Ist crossmediale Expertise vorhanden (PR, Social Media, Videos…)?   Ihre Punktzahl: ___   • Dürfen Sie sehr gute Qualität erwarten (Text, Media Relations, Kreativität, Strategie)?   Ihre Punktzahl: ___

Kunden und Referenzen
• Arbeitet die Agentur mit ihren Kunden schon über mehrere Jahre zusammen? Ihre Punktzahl: ___ • Gibt es Referenzen namhafter bzw. für Ihr Geschäft relevanter Kunden? Ihre Punktzahl: ___

Branchenkenntnis und Fachwissen
• Ist ein gutes Verständnis Ihres Geschäfts vorhanden? Ihre Punktzahl: ___ • Hat die Agentur/der Berater bereits Branchenkenntnis oder Kenntnis „benachbarter" Branchen? Ihre Punktzahl: ___

Vernetzung und Tools
• Hat der Berater spezialisierte Partner für spezielle Aufgaben? Ihre Punktzahl: ___ • *Falls Sie PR outsourcen wollen:* Sind Journalistenkontakte vorhanden? Ihre Punktzahl: ___ • *Falls Sie PR outsourcen wollen:* Hat die Agentur eine Mediendatenbank? Ihre Punktzahl: ___ • *Falls Sie SEO outsourcen wollen:* Sind spezielle Tools für SEO-Analysen vorhanden? Ihre Punktzahl: ___

Weitere Kriterien
• Ist das Preis-Leistungs-Verhältnis und damit der ROI in Ordnung? Ihre Punktzahl: ___ • Werden kreative Lösungen präsentiert? Ihre Punktzahl: ___ • Ist der Inhaber oder ein Abteilungsleiter im Tagesgeschäft Ihr Ansprechpartner? (Versus: Könnte es passieren, dass Sie lediglich ein Trainee oder Junior Consultant betreut?) Ihre Punktzahl: ___

15 Personelle Ressourcen: So stellen Sie sich in Zukunft optimal auf

Weitere Kriterien

- Wird ein Wettbewerbsausschluss garantiert? (Versus: Werden auch Wettbewerber betreut)?
Ihre Punktzahl: ___
- *Falls wichtig:* Ist regionale Nähe gegeben?
Ihre Punktzahl: ___
- Stimmt die Chemie und haben Sie ein gutes Gefühl?
Ihre Punktzahl: ___

Ihre Ergebnisse

95–110 Punkte: Gratuliere: Sie haben mit sehr hoher Wahrscheinlichkeit den richtigen Partner gefunden!

75–94 Punkte: Sie haben eine gute Grundlage für eine erfolgreiche Zusammenarbeit. Ein paar Details müssen Sie ggf. noch klären.

55–74 Punkte: Es gibt einige gute Ansätze für eine erfolgreiche Zusammenarbeit. Sie sollten kritische Punkte jedoch prüfen. Vergleichen Sie ggf. auch mit anderen möglichen Partnern.

35–54 Punkte: Es ist fraglich, ob Sie mit diesem Dienstleister Ihre Ziele erreichen. Vergleichen Sie das Angebot mit anderen Anbietern.

unter 35 Punkte: Der Partner ist offenbar nicht der richtige für Ihren spezifischen Bedarf. Sie finden hier sicherlich eine bessere Lösung.

Ihr Transfer in die Praxis

- Prüfen Sie, ob Ihre derzeitige Lösung bezüglich der eigenen oder zugekauften Manpower wirklich die optimale ist. Shiften Sie unter Umständen um.
- Machen Sie den Test und überdenken Sie gegebenenfalls Ihre Beratungsbeziehungen.

The manufacturer's authorised representative in the EU is Springer Nature Customer Service Centre GmbH, Europaplatz 3, 69115 Heidelberg, Germany. If you have any concerns regarding our products, please contact ProductSafety@springernature.com

Printed and bound by CPI Group (UK) Ltd, Croydon, CR0 4YY

23/03/2026

02076462-0005